本书得到中国博士后科学基金（编号20100471130）资助

企业内部控制遵循成本及其优化途径

INTERNAL CONTROL
COMPLIANCE COST AND IT'S
OPTIMIZED WAYS

崔 松◎著

人民出版社

序 一

翻阅崔松同志的著作《企业内部控制遵循成本及其优化途径》书稿，一帧帧往事回忆的画面，不断地浮现在我的眼前。

20世纪末，中国证券市场接二连三地发生了财务会计报告作假事件，从"老三大"（原野、长城、中水）、"新三大"（红光、东锅、琼民源），直至后来的"银广厦"，不仅震动了中国整个证券市场，而且惊动了中央。在这期间，包括中华会计师事务所在内，都因此受牵连而先后"坍塌"。也是在这时，中国证监会发出了十六号文件（即所谓"双重审计"）。但令人遗憾的是这一纸"搞错了对象"的"文件"，不仅没有"治本"，连"标"也没抓到，只有"尴尬"地在不到两个月内就草草"收场"。当时，我正担任中国注册会计师协会的秘书长，我也"如临深渊，如履薄冰"，"苦于无策"。嗣后不久，到21世纪初，美国发生了轰动世界的"双安事件"（安然公司、安达信会计公司因财务作弊而倒台）以及接二连三的"世通"等大公司一系列财务丑闻的出现，不仅对美国而且对全球资本市场产生了巨大的负面影响。为拯救市场信心，时任美国总统的布什签署了《萨班斯—奥克斯法案》（SOX）。我因有"心头之痛"，怀着急迫的心情，开始研究《萨班斯法案》。从此，与《萨班斯法案》有了一份特殊的"缘分"。

2002年，萨班斯法案在美国正式生效。最初两年，因执行萨班斯法案404条款，多方需要付出高昂的成本，从而遭受来自各方面的种种抱怨。

2004年1月，在我担任中国总会计师协会副会长兼秘书长期间，率领一批由财政、企业、会计师事务所等各方面负责人组成的代表团访问美国。德勤国际会计公司合伙人关德铨先生告诉我们：在实施萨班斯法案后对公司进行审计时，其每次的审计成本支出要多出600万美元，审计费用比平常要超过65%以上。而对于超过200亿美元的公司，其实施萨班斯法案后的成本支出要突破1000万美元。他们当时的意见是准备向政府提出修改萨班斯法案的建议。

接着我们访问了美国财务经理协会（FEI）。据FEI主席介绍，当时他们正对200多家企业执行萨班斯法案的情况进行调查。被调查的企业普遍反映，执行萨班斯法案使企业成本上升60%以上。在收入超过50亿美元的企业中，实施404条款的平均成本接近400万美元，额外的审计费用也超过财务报表费用的60%。由于当年制定萨班斯法案时，有关当局曾听取过FEI的意见，因而他们认为，现在也"有责任""说服"议会和政府修改萨班斯法案。为此，他们还确定在华盛顿的"FEI政府工作委员会"（专门负责对议员和白宫官员进行"攻关"的部门）"抓紧"反映"企业的呼声"，修改萨班斯法案。

2004年7月，IMA国际部主任首次访问中国总会计师协会，也对我谈及萨班斯法案404条款的"高昂代价"，并准备向"当局"提出修改萨班斯法案的建议。

2004年10月，我担任国际CFO组织的理事，出席在佛罗伦萨举行的世界首席财务官协会理事会和会员大会。在大会上，诺贝尔奖获得者蒙代尔作《货币与世界经济》的主题讲演，也谈及美国萨班斯法案404条款内部控制问题。他的看法是：虽然昂贵，但属必要。后来，美国首席财务官协会主席对我说，美国企业为实施404条款，成本支出平均达到460万美元，而通用电气公司则花了高达3000万美元才完善了自己的内部控制系统。

这些信息，使我对实施萨班斯法案404条款产生的深刻印象是：耗时、昂贵、要求太高。

在2008年，我看到FEI在2007年的调查报告，介绍有63%美国企业在实施萨班斯法案404条款后，第二年的成本都在下降，由于设计和维护流程的成本接近零支出，因而使整个执行成本下降15%—30%。东北财经大学出版社方红星社长在2008年给我寄来了IMA编著的《财务报告内部控制与风险管理》一书。书中介绍：IMA通过调研，发现那些实施萨班斯法案404条款的企业，存在两方面潜在的成本因素：第一，没有专业组织制定的实务指南，在完成时无法确定什么是有效控制系统、什么是无效控制系统；第二，由于内部和外部审计师或萨班斯实施团队之间不能相互合作以降低样本规模，因而需要多余的测试。只要挖掘这两方面的潜力，企业执行萨班斯法案404条款的成本就会大大降低。IMA在这本书中首次提出了实施萨班斯法案404条款"成本曲线"的概念，并提到美国一些企业在实施萨班斯法案404条款时第二年、第三年的成本下降了30%—40%。

这就是在美国实施萨班斯法案的一个简单而浓缩的素描：开始，因成本急剧上升而遭到来自美国公司包括代表大公司和小公司利益集团的空前反对和阻挠，而一些相关的社会团体因为与企业有紧密的"关联关系"而为之"奔走呼号"；而后，由于执行成本的不断下降，并带来丰厚的收益以及巨大的社会效益，执行萨班斯法案404条款已经成为企业的自觉行动，一些相关的社会团体也将其列为"重要科研课题"。

他山之石，可供借鉴。2006 年 7 月 16 日，由财政部副部长王军牵头任主任，证监会原纪委书记李小雪、国资委副主任邵宁担任副主任，成员包括来自监管部门、实务界、理论界的 31 位专家、学者，成立了"企业内部控制标准委员会"。2008 年 6 月 28 日，财政部、审计署、中国保险监督管理委员会、中国银行业监督管理委员会、中国证券监督管理委员会五部委联合发布了《企业内部控制基本规范》。2010 年 4 月 15 日开始，五部委又发布了《企业内部控制应用指引》、《企业内部控制评价指引》和《企业内部控制审计指引》。

根据中央关于国有大型企业要"做大、做强、走出去"的要求，中国证监会发文规定，自 2011 年 1 月 1 日起，在境内外同时上市的公司要执行《企业内部控制基本规范》；自 2012 年 1 月 1 日起在上海证券交易所、深圳证券交易所主板上市公司也要施行《企业内部控制基本规范》；在此基础上，2013 年在中小板和创业板上市公司亦需施行《企业内部控制基本规范》。2012 年 5 月国资委、财政部联合发文，要求央企在 2013 年全面实施《企业内部控制基本规范》。

种种情况表明，中国政府对在企业实施严格的内部控制的进程正在加速。

但只要仔细研究一下中国的"企业内部控制标准委员会"发布的几方面的各种标准就能发现，其要求已经远远超越了美国财务报告内控的要求的范畴。根据美国实践的经验，在中国更需要研究内控的有效性以及达到有效性的经济性，更需要将成本概念引入内控理论框架之中。

崔松同志的《企业内部控制遵循成本及其优化途径》一书，

出色地做好了这方面的工作，也填补了国内科研在这方面的空白。作者将成本概念引入内控理论，提出了内控遵循成本的概念，"不同目的，不同成本"奠定了多维成本的理论基础。作者探讨了遵循成本各个构成部分与内控缺陷的关系，从建设、实施、审计以及监管四个方面提出了企业内部控制遵循成本优化的途径；同时针对小型企业内部控制遵循成本巨大的突出问题，提出了降低小企业成本的特殊途径。作者在本书中，对成本与内控的关系概括了六个方面：①提出了内控应遵循成本的概念；②根据全面质量管理的成本构成划分对内控成本进行分类；③寻找长期、短期内控成本曲线；④分别从建设、实施、审计、监管四个方面提出优化途径；⑤小企业降低的特殊途径；⑥内控成本收益分析。具有重大的理论与实践意义。

无论对上市公司管理者，还是中央企业高层管理者，以及高校理论工作者、会计师事务所的注册会计师、咨询公司的咨询人员、监管机构的相关人员，这都是一本难得的好读物。为此，特向广大读者推荐。

中国注册会计师协会原秘书长　丁平准

序 二

    内部控制是由企业董事会、监事会、经理层和全体员工实施的、旨在实现企业目标而采取的程序和政策，其目标是合理保证企业经营管理合法合规、资产安全、财务报告及相关信息真实完整，提高经营效率和效果，促进企业实现发展战略。财政部等五部委联合发布《企业内部控制基本规范》开启了中国企业全面建设内部控制体系的新时期。企业加强内部控制体系建设，既是国家法律法规的强制要求，也是企业提升竞争力的内生需求。内部控制体系建设已经在部分企业中发挥了积极的作用并取得良好的效果，目前正在更大范围内进行推广和应用。可以相信，内部控制体系建设的实施，将使我国企业在国际、国内市场竞争中更加规范、可控，并不断提高企业的竞争能力、创新能力，促进企业更好更快更优发展。

    企业如何有效地建立适合自身的内部控制体系，如何正确处理控制成本和效益之间的关系都是企业在内部控制建设中需要面对的问题。现行的内部控制文献较多地关注于内部控制的有效性问题，而对于达到有效性的经济性，而对于既达到有效性又实现经济性的研究较少。本书专门对内部控制遵循成本进行研究，通过对内部控制遵循成本的内涵及分类界定，分析了短期遵循成本和长期遵循成本的特性、构成、变动规律，进而提出了降低遵循成本的若干途径，并对小型企业内部控制遵循成本的优化途径进行阐述，具有较高的理论水平。本书对企业合理遵循内部控制规范，通过采取合适的措施以优化成本支出具有较强的应用价值。同时，本书在多个章节探讨了政府机构的外部监管问题，为监管层制定相关政策、创造良好的内控实施外部监管环境以降低企业的内控遵循成本等诸多方面具有一定的参考价值。

希望本书的出版，能够使企业在内部控制体系建设过程中对相关成本支出的构成与分布有更多的了解和把握，以便更好地研究制定适合本企业的内部控制体系建设实施计划与安排，识别优化成本的具体途径，帮助企业经营管理更上一层楼。

国务院国有资产监督管理委员会

国有重点大型企业监事会主席　　石大华

2012 年 12 月

目　录

前　言

　　被视做萨班斯法案中文版的《企业内部控制基本规范》于2008年6月28日由财政部等五部委联合颁布，要求上市公司2011年率先予以实施；2012年5月国资委、财政部联合印发了《关于加快构建中央企业内部控制体系有关事项的通知》，要求中央企业确保2013年全面完成集团内部控制体系的建设与实施工作。萨班斯法案带来了诸多经济后果，比如在美国IPO的公司减少，诸多上市公司选择退市。这其中一个重要的原因就是萨班斯法案404条款的遵循成本太高。公众公司会计监督委员会（PCA-OB）主席唐纳德森（Donaldson）承认，遵循萨班斯法案404条款是一个耗时（time-consuming）和昂贵（expensive）的过程，即使对于那些已经拥有良好内部控制系统的企业来说，将内部控制系统记录下来并将其与基准内部控制框架相对照也是一个令人生畏的工作。[①]

　　在美国，上市公司执行萨班斯法案404条款对美国资本市场的发展具有巨大的意义，同时萨班斯法案404条款的短期执行成本之大使得一些公司难以承受。虽然萨班斯法案404条款的执行

---

　　① 邱月华：《萨班斯—奥克斯利法案的成本与效益——SOX404执行中面临的困境》，《财会通讯》2007年第1期。

给公司带来的收益（譬如提高经营效率、增加投资者对公司财务报告的信心），但大都难以用货币量化，而且有的需要在萨班斯法案404条款执行之后较长的一段时间内才能体现出来。这就使得上市公司的目光都集中在执行法案短期内的高昂成本之上（林妹，2008）。对于内控建设这一制度遵循而言，即使从长期来看有助于约束并统一市场主体的行为选择、减少舞弊和欺诈、提高投资者的信息、建立安全的市场秩序、实现社会和谐、经济持续发展，但是在遵循初期必须考虑短期成本问题。正如诺思所言，一个具有长期巨大收益的决策行为，可能因为当期组织无法承受其巨大成本，导致组织最终崩溃（诺思，1981）。① 美国执行萨班斯法案404条款对于我国执行内部控制规范的借鉴意义很大程度在于我国企业在执行内控规范时必须对制度执行成本有充分的考虑，特别是内控规范可能对于上市公司在短期内带来巨大的成本压力。如果无法将上市公司短期的执行成本进行有效的控制，那么内控规范即使对我国资本市场从长期来看再有价值，内控规范还是无法有效执行，并会给上市公司和社会造成巨大的损失。

与美国萨班斯法案给企业带来的高额遵循成本一样，我国上市公司执行该规范也会面临此问题。研究内部控制的遵循成本内在规律以及与之相关的优化途径问题具有一定的理论和实践意义。本书采用定性和定量的研究方法，对内控遵循成本进行了较为系统深入的研究。本书属于探索性研究，得到了如下主要研究成果。

第一，提出了内控遵循成本的概念，即与企业遵循内部控制监管要求而发生的相关的支出，包括与内部控制的设计、执行、

---

① ［美］诺思：《经济史中的结构与变迁》，陈郁等译，上海人民出版社1981年版，第43~50页。

评估、缺陷矫正相关的增量成本，是为了实现监管要求而额外增加的费用，以及未能满足监管要求而发生的损失。

第二，根据全面质量管理的成本构成划分思想，并借鉴制度创新成本的分类理论，将内控遵循成本分为四类：设计成本、实施成本、内部损失成本、外部损失成本。

第三，探讨了遵循成本各个构成部分与内控缺陷的关系，得出了短期和长期的内控遵循成本特征曲线。

第四，分别从建设、实施、审计以及监管四个方面提出了企业内部控制遵循成本优化的途径。

第五，针对小型企业内控遵循成本巨大的问题，在对美国小型上市公司萨班斯法案执行成本的基础上，分析小企业在内控实施方面的优势和劣势，提出了降低小企业遵循成本的特殊途径。

第六，作为对内控遵循成本分析方法的补充，对内控的成本—收益进行了初步分析，认为，虽然从短期看内控遵循成本会大于收益，但是从长期看内控遵循是符合成本收益原则的。

完善的内部控制规范有助于约束并统一市场主体的行为选择，减少舞弊和欺诈、建立安全的市场秩序、实现社会和谐、经济持续发展。而企业在国内外内部控制实践中普遍存在遵循成本高这一突出问题，特别是目前我国上市公司和中央企业在构建内部控制体系时亟待解决此问题。现行的内部控制理论较多地关注于内部控制的有效性问题，而对于达到有效性的经济性，特别是成本方面的研究较少。本书对此问题加以研究，具有较强的针对性。该研究对于企业遵循内控规范，减少不必要的成本支出具有很强的应用价值。同时，对于审计师提高内控审计效率、降低审计成本以及为监管层制定相关政策，顺利推进内部控制的实施工作等也具有很强的参考价值。

本书在理论上的突出创新之处在于将成本概念引入到内部控制现有理论框架之中，并对相关问题加以深入研究。这拓展了目前的成本概念，特别是将成本概念引入到内部控制现有理论框架之中，体现了"不同目的，不同成本"观，丰富了现行的成本理论和内部控制理论。同时，对于遵循成本的构成与分类、特征曲线以及影响因素的分析等研究还有助于从理论上解释诸如目前国外某些企业萨班斯法案遵循成本持续降低等现象，这些研究在现行的内部控制理论方面也具有突出的创新性。

该书着眼于目前我国上市公司和中央企业内部控制体系建设中所遇到的成本高企问题进行选题，具有较高的实用价值。本书的研究成果将对我国审计师、企业管理者和监管者都有很强的实践参考价值。而在理论上，对遵循成本的构成与分类、特征曲线以及影响因素的分析等，这些研究在内部控制理论方面也具有重要的创新性。总之，该项目具有重要的理论创新性和广泛的应用前景。

书中阐述的一些思想、具体方法和措施对企业、高校和研究院所中从事内部控制的理论工作者和实践工作者具有参考价值，具体来说，本书的读者包括：

（1）高校和研究机构的理论工作者。现行的内部控制理论较多地关注内部控制的有效性问题，而对于达到有效性的经济性，特别是成本方面的研究较少。本书从内部控制遵循的成本角度来研究内部控制问题，具有较强的理论创新性。

（2）上市公司的管理者。主板上市公司在2012年、创业板和中小板上市公司在2013年都将按照监管要求建立规范的内控体系，实施并进行年度的自我评价。本书针对内控咨询成本的构成，按照建立、实施、自我评价的内控步骤，分别提出了各个阶段的内控遵循成本优化途径，对于上市公司的管理者来说，具有一定的参考价值。

（3）中央企业的管理者。2012年5月国资委、财政部联合印发了《关于加快构建中央企业内部控制体系有关事项的通知》要求中央企业确保2013年全面完成集团内部控制体系的建设与实施工作。对于即将开始的中央企业内部控制体系建设工作，本书对中央企业的管理者来说如何事先进行计划和安排，实现内控建设的成本最优化，也具有极大的参考价值。

（4）会计师事务所的审计师。本书在成本构成、特征、优化途径等方面对内部控制审计均进行了分析，这对我国审计师提高内部控制的审计效率、降低审计成本、采取最优的审计策略具有较强的参考价值。

（5）咨询公司的咨询人员。企业在内控建设中均会邀请咨询公司协助企业构建内控体系。本书的研究成果可使咨询公司在进行内部控制建设时提前了解遵循成本的构成与分布、影响因素以及优化途径。这对于协助企业减少成本支出，合理安排预算计划，满足企业内部控制的实际管理需要具有很强的运用价值。

（6）监管机构的人员。本书在内控成本优化途径、中小企业内控遵循成本优化等多个章节探讨了政府机构的外部监管问题。本书为财政部、证监会、国资委、审计署等监管层制定相关政策、创造良好的内控实施的外部监管环境以降低企业的内控遵循成本等诸多方面也具有一定的参考价值。

本书对内部控制遵循成本构成及其优化途径进行了探索性研究，错误、不足之处在所难免，敬请广大读者和专家、学者批评指正。

第一章　绪　论

世纪之交，美国爆发了一系列财务丑闻案，导致安然、世通等大公司的破产，彻底打击了美国投资者对美国资本市场的信心。为了改变这一局面，美国制定颁布了一系列法律法规，其中最主要的是《萨班斯—奥克斯利法案》（*Sarbanes-Oxley Act*，以下简称萨班斯法案）。萨班斯法案是美国继 1933 年《证券法》和 1934 年《证券交易法》后又一部重要的法律，美国总统布什在签署萨班斯法案的新闻发布会上甚至称"这是自罗斯福总统以来美国商业界影响最为深远的改革法案"。萨班斯法案不仅对美国而且对世界各国会计、公司治理乃至整个证券市场都产生了重大而深远的影响。然而，萨班斯法案自 2002 年 7 月生效以来，其在执行中面临的困境也许是当初制定者未曾预料到的，特别是其中有关内部控制的条款——萨班斯法案 404 条款更是因其严厉性和高昂的执行成本而备受争议。①

被视做萨班斯法案中文版的《企业内部控制基本规范》于 2008 年 6 月 28 日由财政部等五部委联合颁布，要求上市公司予以率先实施。与美国萨班斯法案给企业带来高额遵循成本一样，我

---

① 陈赛珍：《解析 404 条款：萨班斯法案最大的挑战》，《会计师》2005 年第 7 期。

国上市公司执行该规范也会面临此问题。同时，由于我国法律环境、监管水平、中介机构的独立性、企业的内控基础等方面都与美国存在明显的不同，我国企业的内控遵循成本也会表现出自身的特点。本书旨在研究我国上市公司内部控制遵循成本及其优化途径，以为企业提高内控遵循效率提供科学合理的解决方案。因此，研究内部控制的遵循成本以及与之相关的优化途径问题具有一定的理论和实践意义。

本章重点阐述本书的研究背景、内控遵循成本的研究现状，并在此基础上确定本书研究的具体问题、研究方法、研究流程以及研究框架等。

一、研究背景

（一）研究课题来源

本书选题来源于中国博士后科学基金企业内部控制基本规范遵循成本及其优化途径研究（编号 20100471130）。

（二）研究课题背景

2001 年安然、世通等美国大型上市公司的会计丑闻事件严重挫伤了投资者对于美国资本市场的信心。为了重塑投资者信心，提高上市公司的信息披露质量，美国通过了萨班斯法案。萨班斯法案被认为是继 1933 年《证券法》和 1934 年《证券交易法》颁布后给美国资本市场带来最为深远影响的法案。该法案对美国上市公司的财务报告程序产生了十分巨大的影响，特别是萨班斯法案 404 条款要求上市公司管理当局对企业内部控制有效性进行披露，注册会计师对内部控制进行测试和评估，并出具评估报告。萨班斯法案带来诸多经济后果，比如在美国 IPO 的公司减少，诸多上市公司选择退市。这其中一个重要的原因就是萨班斯法案 404 条款的遵循成本太高。萨班斯法案也因此遭到了来自美国公司包括代表大公司和小公司利益集团的空前反对和阻挠。上市公司存在从萨班斯法案 404 条款高额遵循成本负担重解除的强烈需求（Krishman，2008）。[①]

2008 年 6 月 28 日，财政部等五部委联合发布了《企业内部控制基本规范》（以下简称《基本规范》），要求上市公司率先开始执行，并规定执行本规范的上市公司，应当对本公司内部控制的有效性进行自我评价，披露年度自我评价报告，并可聘请具有证券、期货业务资格的会计师事务所对内部控制的有效性进行审计。有人将其比作萨班斯法案的中文版。《基本规范》是中国会计审计领域的又一重大改革举措，这对于推动中国企业完善内部治理结构和约束机制、提高财务信息的真实性、不断提高风险防范和持续发展能力具有重要作用。如美国当初推迟实施萨班斯法案 404 条款一样，我国也将基本规范的执行时间推迟到 2010 年 1 月，并且将其划分为海外上市公司、国内上市公司、非上市大中型企业等不同的企业类型逐步实施。

与美国萨班斯法案给企业带来高额遵循成本一样，我国上市公司执行基本规范也将面临着遵循成本巨大的问题。同时，从内部控制的实施范围来讲，我国基本规范所要求的公司内控建设已经超越了美国的财务报告内部控制的范畴，远远大于美国萨班斯

---

①　崔松、宋飞、刘仁勇：《美国 SOX404 条款遵循成本的最新研究与启示》，《中国注册会计师》2011 年第 7 期。

法案 404 条款所规定的内控范围；注册会计师内控审计的范围目前还处于仅限于财务报表内部控制或全面内部控制的讨论之中；并且，由于我国的法律环境、监管水平、企业的违规风险、中介机构的独立性、CPA 胜任能力以及企业的内控基础等方面都与美国存在明显的不同，使得我国上市公司内控遵循成本也会表现出自身的特点。另外，如何提前研究我国上市公司《基本规范》的遵循成本及其优化途径对于企业减少不必要的成本支出，保证上市公司执行基本规范的利大于弊，对于提高企业营利水平、增强企业活力等方面都具有重要作用，特别是目前在金融危机的情况下，从政府监管角度来看，研究基本规范遵循成本及其优化途径也有助于为相关部门出台政策建议提供参考，从而使政府致力于顺利推进内部控制实施的工作。正如美国证券交易委员会主席克里斯托弗·考克斯（Christopher Cox）所讲，应当发现遵循萨班斯法案 404 条款花费不贵的路径（Sarah Johnson，2008）。[①]

（三）研究课题意义

1. 实践意义

现行的内部控制理论较多地关注于内部控制的有效性问题，而对于达到有效性的经济性，特别是成本方面的研究较少。本书的研究对于企业遵循基本规范，减少不必要的成本支出具有很强的应用价值。

（1）本书的研究成果可使我国企业在进行内部控制建设时提前了解遵循成本的构成与分布、影响因素以及优化途径。这对于

---

① Sarah Johnson，"Nailing down the Cost of 404"，2008，http：//www. cfo. com/article. cfm /10517816 CFO Magazine 10.

企业减少成本支出，合理安排预算计划，满足企业内部控制的实际管理需要具有很强的运用价值。

（2）对于我国审计师提高内部控制的审计效率，降低审计成本以及为监管层制定相关政策、创造良好的内控实施的外部监管环境以降低企业的内控遵循成本等诸多方面也具有一定的参考价值。

2．理论意义

（1）本书将成本概念引入到内部控制现有理论框架之中，并对相关问题加以研究，这拓展了目前的成本概念。

（2）遵循成本的构成与分类、特征曲线及其优化途径的分析等研究有助于从理论上解释诸如目前美国萨班斯法案遵循成本持续降低的原因等现象，这些研究成果在内控理论方面具有一定的理论创新性。本书的研究者不但丰富了目前的成本理论，对完善现行的内部控制理论也有较大的贡献。

二、研究述评

（一）研究现状综述

1．遵循成本的分类研究

按照企业遵循成本支付对象，国外的研究一般将萨班斯法案404 条款的遵循成本划分为三类：内部员工成本、外部咨询与技术支出和额外的审计收费（Harrington，2004）。沈杰·安南（Shen Jie Annan，2008）将企业实施萨班斯法案404 条款需要花费的支出划分为人员费用（包括现有员工增加的工作时间、新增部门员工、培训等费用）、服务咨询费以及技术部分的费用（包括购买软件和新技术的费用、安装费、员工培训费以及维护费用)。①

2. 首次执行萨班斯法案 404 条款的成本状况

(1) 美国证券交易委员会首次遵循成本的估计。按美国《减少文书工作法》要求，2002 年美国证券交易委员会曾对萨班斯法案 404 条款遵循成本初步估计，所有上市公司年信息揭示成本最多为 4950 万美元，每家公司年报和季报平均增加 5 小时额外工时。2003 年 8 月，美国证券交易委员会修正其估计，执行萨班斯法案 404 条款年度总成本约为 12.4 亿美元，平均每家公司 9.1 万美元，新增 383 个工时 (Final Report，2003)。②

(2) 诸多机构调查的遵循成本。随后诸多机构调查显示，萨班斯法案条款遵循成本远超过此预计。美国财务经理协会 (FEI) 2005 年对 217 家收入超过 50 亿美元的企业的调查结果显示，实施萨班斯法案 404 条款的平均首次成本为 365 万美元，其中 134 万美元的内部成本，172 万美元的外部成本，13 万美元的审计费用，额外的审计费用超过财务报表费用的 57%；③ "四大" 会计公司 2005 年的报告显示 90 家大公司的首次遵循成本为 780 万美元；AMR 研究机构 (AMR Research) 也估计首次平均每个企业要花费 600 万美元来实施萨班斯法案。安永事务所 2005 年的调查发现年

---

① ［美］沈杰·安南:《萨班斯—奥克斯利法案精要》，曾嵘译，中国时代经济出版社 2008 年版，第 35 页。

② 黄京菁:《美国 SOA404 条款执行成本引发争议的评述》，《会计研究》2005 年第 9 期。

③ Financial Executives International, "FEI Survey: Sarbanes-Oxley Compliance Costs Exceed Estimates", March, 2005, http://www. prnewswire. com/ cgi-bin/ stories. pl? ACCT = 104 &STORY =/www/story/04 – 03 – 2005/0007335523&EDATE.

收入大于 200 亿美元的公司中，85% 的企业花费了超过 1000 万美元作为实施萨班斯法案 404 条款的首年成本。据国际财务执行官组织对 321 家企业调查，每家遵守萨班斯法案的美国大型企业第一年实施萨班斯法案 404 条款总成本将超过 460 万美元，包括 35000 小时的内部人员投入、130 万美元的外部顾问和软件费用及额外审计费用。①

（3）对公开披露信息分析所得出的遵循成本。对于遵循成本的研究主要集中在审计成本方面。埃尔德里奇和克里（Eldridge & Kealey，2005）研究了 2003 ~ 2004 年间，财富 1000 中的 648 家公司的审计费，发现在实施萨班斯法案 404 条款之后，审计费增长 65% 在统计上是显著的。此外，妾受调查的 648 家企业中更有 12 家企业的审计费用猛增超过 1000 万美元。福利和拉德纳（Foley & Lardner）公司（2005）研究了成为公众公司的成本，发现萨班斯法案 404 条款之后，其提高了 45%。该项研究进一步分析了对标准普尔数据库 700 家企业审计费的变化情况，发现整体上提高了 61%，其中小公司的审计费提高了 84%，大公司的审计费提高了 55%。② 这与哈茂森瑞等（Bhamornsiri，2009）的研究结论类似，作者认为，这可能意味着小公司内控较为薄弱，需要额外的审计分析，同时也说明小公司有更多的实质性缺陷，也就更需要遵循萨班斯法案。

（4）从案例分析获取的实证数据进行分析所得出的遵循成

---

① 张雪丽、陈君：《中国公司紧急应对萨班斯法案》，《法制早报》2006 年 6 月 4 日。

② 中华会计网校：《SOX 三年回眸　高昂审计费似有所值》，2005 年 8 月，见 http://www.chinaacc.com /new/184/185/2005/12/ ad6486191501922 150025662. htm。

本。妮娜和兰根迪克（Sneller & Langendijk，2007）研究了以美国公司的一个欧洲分支机构的遵循成本，发现企业自我评价成本是美国证券交易委员会初步估计的 12 倍；审计成本则提高了 50%。[①]

（5）遵循成本之外的间接成本。除了与萨班斯法案 404 条款相关的遵循成本之外，企业还存在间接成本，比如：转移了管理者的注意力，使得运转效率下降，影响公司竞争力；扭曲了管理者的激励和投资决策；减少了公司的风险承担行为；使代理成本和错误非法化，增加了公司的诉讼风险；提高了通过证券市场募集资金的成本等等（Ribstein and Butler，2006）。

3. 首次遵循成本巨大的原因分析

美国财务管理协会（2007）认为没有实务指南，不知道显著的控制不足与主要的控制缺陷到底有何不同；评估内控没有一个公认的标准或框架以及企业与事务所的二元选择意见或者是内控双重评价如何协调等问题都会导致遵循成本高。[②] 美国财务经理协会（2006）认为，第一年遵循成本高的原因在于：没有控制体系或者未妥善维护控制体系；对萨班斯法案 404 条款范围了解不够，计划/设计控制不充分，造成重复工作；控制所需的财务和时间计划不足，出现重新测试、改善和布点循环；缺乏控制文档及储存

---

① Lineke Sneller and Henk Langendijk，"Sarbanes Oxley Section 404 Costs of Compliance: A Case Study Corporate Governance"，*An International Review*，2007 Vol. 15，（2）: pp. 101~111.

② FEI，"Survey on Sarhanes-Oxley Section 404 Implementation"，March，2005，March，2006，May，2007，http://www.baidu.com/link? url = a78 b9b30fc293c5e471ef23de092fddc99e9c5ce6808bde962cd828ce19848262c0ea1fd758 aad9137fa1ace6cffde1147a71d06b532c1bdb715f7ec171a4b51843271cec0f0ed88e12a.

流程；外包以及时间紧造成的审计和咨询费用的提高；软件和信息系统的一次性投入。①

沈杰·安南（2008）认为，与首次执行相关的高成本因素包括：①很多企业对现有的维护不够充分，对于那些缺乏控制体系或妥善维护控制体系的企业来说，把原来应该做的事项补上必然要花费得更多；②人们对萨班斯法案404条款的范围了解不够，使得最初所做的计划和设计控制不够充分，导致了重复工作；③控制系统的文档及储存流程需要更新和从头建立；④一些企业发现自己对修正控制所需的财务和时间计划不足，这些企业没有想到有些控制点可能需要测试、改善，然后重新测试不断循环；⑤实施时间压力造成服务费用包括咨询费和审计费呈指数增长；⑥外包服务的增加使得企业为此承担的相关成本会更高。②

美国管理会计师协会（2007）通过问卷调查分析了首次执行导致高额遵循成本的具体活动构成，结果发现，设计和维护流程文件、测试关键控制、证明和认证、与补救相关的活动是支出最大的前四项活动，而员工培训和信息技术投资则在第一年投资得较少。③

4. 后续年度产生的成本状况研究

2005年美国财务经理协会对大规模上市公司的调查显示，

---

① FEI, "Survey on Sarhanes-Oxley Section 404 Implementation", March, 2005, March, 2006, May, 2007, http://www.baidu.com/link? url = a78b9b30fc293c5e471ef23de092fdde99e9c5ce6808bde962cd828ce19848262c0ea1fd758aad9137fa1ace6cffde1147a71dC6b532c1bdb715f7ec171a4b51843271cec0f0ed88e 12a.

② ［美］沈杰·安南：《萨班斯—奥克斯利法案精要》，曾嵘译，中国时代经济出版社2008年版，第56页。

③ 美国管理会计师协会（IMA）：《财务报告内部控制与风险管理》，张先治、袁克利译，东北财经大学出版社2008年版，第75~83页。

2005 年度的遵循成本为 380 万美元，比前一年下降了 16.3%。2006 年美国财务经理协会调查了 172 家公司，发现平均遵循成本为 290 万美元，比 2005 年又下降了 23%。美国财务经理协会认为，遵循成本下降的原因在于：公司内部员工用于萨班斯法案的时间下降了 11.8%，平均每个公司需使用 22786 工时；咨询费用、软件费用等外部成本下降了 22%，审计师的鉴证费用下降了 13%。美国国际数据集团（2006）的调查表明，2006 年与 2005 年相比，除了 IT 支出造成遵循成本上升外，成本都得到降低，降低幅度为 50%，估计 2007 年会进一步降低 40%。① 波士顿的经济咨询公司查尔斯河联营公司（CRA，2007）的研究也证明了萨班斯法案的遵循成本呈逐年下降趋势。四大会计师事务所发布的一份报告说大部分企业可以期望在实施萨班斯法案第二年中费用能够降低大约 42%。另外，查尔斯河联营公司调查预测，在随后 5 年内持续遵循的成本会呈现下降趋势（沈杰·安南，2008）。但是美国管理会计师协会（2007）和美国财务管理协会（2007）的调查表明审计费下降趋势不是很明显。哈茂森瑞（Bhamornsiri，2007）的实证研究则表明，审计费在执行第一年增加了 65%，在第二年不但没有下降，反而增加了 0.9%。②

5. 后续年度产生的成本下降的原因分析

提摩太·库克（Timothy Cook，2006）认为，遵循成本的降低

① Financial Executives International，"FEI Survey：Sarbanes-Oxley Compliance Costs Exceed Estimates"，March，2005，http：//www. prnewswire. com/cgi-bin/ stories. pl? ACCT = 104&STORY =/www/story/04 – 03 – 2005/0007335523&EDATE.

② Sak Bhamornsiri and Robert Guinn and Richard G. Schroede，"International Implications of the Cost of Compliance with the External Audit Requirements of Section 404 of Sarbanes-Oxley"，*Int. Adv. Econ. Res.*（2009）15：pp. 17～29.

是由于随后年度咨询费减少、审计费减少、内部员工由于效率得到提高而花费在遵循萨班斯法案的时间减少。美国财务经理协会（2006）认为，遵循成本不断降低的原因在于不断提高的内控测试效率、学习曲线作用的发挥以及信息系统与软件投入。查尔斯河联营公司（2006）认为关键控制个数的下降，在内控上支出如培训存在"递延费用"效果，完善公司规章文件以及弥补公司缺陷的成本下降都是遵循成本下降的原因。①

科琳和库宁（Colleen & Cunning，2005）认为，学习曲线使得我们去总结已经学习到的东西以及识别每年评价过程的方法，从而有助于提高评价效率和降低成本。绮丽儿和威尔（Cheryl & Will，2007）也认为学习曲线是降低成本的主要原因。另外，认为培训、流程化过程、自动化控制、实施自上而下基于分析概念的方法（去确定范围和测试策略）都会对企业的投资回报率有较大的影响。

科瑞兹闹和辛尼特（Craziano & Sinnett，2007）认为，成本的降低获利于学习曲线、以前已经完成的控制文档记录、外部资源如软件和咨询等责任由内部员工承担、测试和审计方法的改进（以前是每个控制点都需要测试和审计，现在只是关键控制点，另外重点从流程控制向整体控制偏移，这样可以减少关键控制测试的数量）。全球头号科技市场调查及咨询公司噶特纳（Gartner，2007）认为，在以后年度形成控制点、数据搜集、提交报告的时间正在缩短，这些都会造成成本的减少。威廉（Willian，2006）认为，缺陷数减少、学习曲线、减少所要求新的文档、减少雇佣

---

①　CRA，"International Sarbanes-Oxley Section 404 Costs and Implementation Issues"，Spring 2006 Survey Update，Apr. 17，2006：pp. 43~44.

外部人员的需求以及审计费的减少都会促使遵循成本的降低。①

帕特里克（Patrick，2006）认为需要测试的控制数量是一个基本的成本动因，由于需要测试的数量不断减少，所以从第二年开始会促使遵循成本减少（即不断提高的控制水平也会带来遵循成本的不断降低）。第二年的遵循不同于第一年，因为公司可以更好地理解法律的要求并认识到流程缺陷之所在，这样就可以集中于实施萨班斯法案的遵循过程，从而有助于成本的降低。②

沈杰·安南（2008）认为遵循成本降低原因包括：①企业在实施萨班斯法案一年后，已经建立了一套有效的框架和强劲的基础以维护这一成果，因此维护过程不需要如首次实施那样建立那么多的控制点以及更改那么多的流程和活动；②企业越来越熟悉控制流程，这会减少对财务和人力资源的需求；③首次执行的压力逐渐释放，对外部咨询人员的服务需求会逐渐减少，费用会回落到合理水平；④审计师更倾向于采取自上而下、基于风险的评价方法，这有助于减少不必要的时间，由此也会降低相应的审计成本；⑤采用软件或其他技术手段不但可以适应于更佳的风险控制，还能够减少控制点、提高测试效率，因此也会降低实施成本。③

美国管理会计师协会（2007）通过问卷得出第二年各项遵循成本都有所下降，其中设计和维护流程文件所带来的成本下降比

① Y. Jahmani, Willian A. Dowling, "The Impact of Sarbanes-Oxley Act", *Journal of Business & Economics Research*, Vol. 6, 10, 2008: pp. 57~66.

② Patrick O'Brien, "Reducing SOX Section 404 Compliance Costs Via a Top-Down, Risk-Based Approach", *The CPA Journal*, August, 2006: pp. 36~39.

③ ［美］沈杰·安南：《萨班斯—奥克斯利法案精要》，曾嵘译，中国时代经济出版社2008年版，第67~69页。

例最大。并进一步分析了原因，即维护流程文件的成本并不像第一次设计时那么昂贵，因为一些公司已经支付了大量递延费用，把他们的核心财务报告内部控制流程文件更新为最新版本，结果第二年的成本就会大幅度降低；而与测试关键控制、证明和认证相关活动带来的成本下降幅度较小，这是因为这些活动主要由外部审计师完成。在没有采取自上而下、风险导向的方法时，成本就不会有大幅度的降低。调查还发现，在第二年或第三年会导致成本上升的领域是新工具和信息技术投资，因为在后续年度公司更可能考虑是过程自动化和成本最优化。①

全球 360 公司（Global 360，2007）的调查表明，2006 年的遵循成本较 2005 年已经降低了一半，其原因在于公司和事务所更大程度地着重于主要控制和风险评估，而不是进行细节测试；更多地采用自动化控制，因为这可以减少人工成本，使人们更有效率地去工作并大大减少测试时间和数量。同时，美国上市公司会计监管委员会第 5 号准则的采用使得后来实施萨班斯法案 404 条款的公司可能不同于早期公司的成本曲线。他们能够避免刚开始大公司的时间和花费。

哈茂森瑞（Bhamornsiri，2009）认为对于已经建立完整内控体系的公司，在萨班斯法案 404 条款实施第一年或者以后年度则只是影响支出（审计费）的边际成本，每年只是维持一定数量的固定成本即可。有些成本会被摊平，使得以后年度的成本会减少。②

---

① 美国管理会计师协会（IMA）：《财务报告内部控制与风险管理》，张先治、袁克利译，东北财经大学出版社 2008 年版，第 95～99 页。

② Sak Bhamornsiri and Robert Guinn and Richard G. Schroede，"International Implications of the Cost of Compliance with the External Audit Requirements of Section 404 of Sarbanes-Oxley"，*Int. Adv. Econ. Res.* （2009）15：pp. 17～29.

6. 减少遵循成本途径和影响因素方面的研究

绮丽儿和威尔（Cheryl & Will, 2007）认为在具体的评价技术方面，以后的评价应当集中于风险和控制的变化，而不是所有的财务风险和相关控制，这有助于大大降低遵循支出。美国管理会计师协会（2007）认为整合审计能够减少审计费。所以，为保证一项合格的财务报表审计以成本较低的方式进行，萨班斯法案应当规定，执行财务报表审计的审计师和执行内部控制审计的会计师是同一家。安永事务所 2005 年的调查表明，所测试的控制点多少与花费的遵循成本之间存在必然联系。因此，采用自上而下的方法去测试那些与高风险账户和服务相关的风险点能够有效地降低企业的遵循成本。妮娜和兰根迪克（Sneller & Langendijk, 2007）通过案例分析认为，遵循成本的降低可以通过实施编程控制、委托低收费率的审计师、仅仅修正实证性缺陷、专注于内控系统而不是单个控制以及鼓励审计师依靠公司的评估等途径来实施。[①] 美国财务管理协会（2007）认为，采取整合审计、风险导向审计、识别关键控制点、依据判断以及依靠他人工作都有助于减少审计时间和费用。茹阁哈但等（Raghunodan, 2006）认为由于学习曲线的作用，审计费在未来几年会降低。

沈杰·安南（2008）认为，与萨班斯法案遵循直接相关的实际成本会因企业独特的情况有所差异。影响成本的因素包括企业的规模、企业是否集中管理、现有控制的负责程度以及实施萨班斯法案的时间等。美国管理会计师协会（2007）分析了导致较高

---

① Lineke Sneller and Henk Langendijk, "Sarbanes Oxley Section 404 Costs of Compliance: A Case Study Corporate Governance", *An International Review*, 2007, Vol. 15, (2): pp. 101~111.

萨班斯法案遵循成本潜在成本动因的潜在因素，发现两个主要的因素是：没有专业组织制定的实务指南，在完成任务时无法确定什么是有效控制系统、什么是无效控制系统；由于内部和外部审计师或萨班斯法案执行团队之间不能相互合作以降低样本规模，因而需要多余的测试。

克里希南等人（Krishnan，2008）通过实证研究，发现遵循成本与公司规模、存在实质性缺陷、建立新的计算机系统、建立正式内部政策、大的审计公司、新任委派的 CEO 等正相关；与是否处于监管行业、采用新财务系统等负相关。而审计收费与实质性缺陷、公司规模显著相关，而以前研究影响审计收费的因素则与内控审计成本在统计上不存在显著的相关关系。[①]

安永会计师事务所（Ernst & Young，2005）认为，在识别出需要测试的控制数量与遵循成本之间存在很强的正相关关系。帕特里克（Patrick，2006）也认为需要测试的控制数量是一个基本的成本动因，由于需要测试的数量不断减少，所以从第二年开始会促使遵循成本减少。洛德和贝努瓦研究报告（Lord & Benoit，2007）收集的经验数据显示，执行萨班斯法案遵循成本的高低，与公司所处的行业有关，经营范围广的采购、销售系统复杂的制造行业成本最高，而雇员较少、营业收入较低、经营范围单一的生物技术行业的公司遵循成本最低。洛德和贝努瓦研究报告（Lord & Benoit，2007）认为，小公司规模效应较低，可以利用的资源更少，会面临着更大的平均成本和更低的平均收益；小公司

---

① Jayanthi Krishnan, "Audit Committee Quality and Internal Control: An Empirical Analysis", *The Accounting Review*, Vol. 80, No. 2, 2005: pp. 649 ~ 675.

舞弊的可能性更大；建立、维持和评价内部控制的成本是固定的；缺乏人力执行，对于复杂的审计准则和内控要求接受和了解存在困难更大，执行起来成本会更大。①

从监管角度来讲，美国管理会计师协会（2007）认为明确减少所要求的文档数量、外审更大程度上依靠内审资料和数据、清晰决定关键内部控制点、合理利用上年的测试文档资料等都是可以提高内部评价和审计效率、减少遵循成本的途径。

（二）研究现状评价

1. 较少专门开展遵循成本的理论研究

各种咨询机构和调查机构提供了关于遵循成本的描述性数据，而在实证上较少研究与遵循成本相关的驱动因素（Krishnan，2007），同时对于系统地开展遵循成本的理论研究以及从实证上分析成本影响因素等相关研究也较为缺乏，除了对萨班斯法案 404 条款的审计费有一些研究。

2. 国际上对于遵循成本的研究较为有限，国内尚未开展此类的研究

在美国，萨班斯法案 404 条款从 2004 年才开始实施。关于萨班斯法案 404 条款遵循成本研究方面的文献较为有限（Lineke，2007）。② 而我国的内部基本规范也尚未正式开始实施，且我国社

---

① Bob Benoit and Kristina Benoit Lord& Benoit Report，"Naicannual Financial Reporting Model Regulation"，*Journal of Business & Economics Research*，June，2007：pp. 1～42.

② Lineke Sneller and Henk Langendijk，"Sarbanes Oxley Section 404 Costs of Compliance：A Case Study Corporate Governance"，*An International Review*，2007，Vol. 15，（2）：pp. 101～111.

会的经济和商业以及法律环境与国外有很大不同。正如全球360公司（Global，2007）所指出的　法律环境比如对企业的处罚力度和措施包括经济和刑事；举报保护等都会对影响企业规范行事的成本，都会影响到内控的遵循支出。而目前在国内的相关研究主要是对萨班斯法案404条款遵循成本的介绍，没有真正展开相关成本的研究工作。

3. 缺乏对不同遵循成本类别的成本特性研究

目前对于遵循成本的研究只是按照成本支出的对象将其划分为内部支出、外部支出和审计费三类，没有进一步研究不同的成本支出所具有的不同成本特性。比如，某些成本支出（如咨询费）只是一次性的，在以后年度不会发生或者发生较少；某些成本（如信息技术运用和培训的加强）在第一年会造成某些成本的一次性上升，在第二年会有助于整个遵循成本的下降；有些成本（正常的维护成本）降低也会有一个最低的限度；还有些成本支出（比如新设的部门和新增人员的工资支出）会保持不变；有些成本还会造成成本的持续增加，比如审计委员会开会次数增多等。按照成本动因来分析遵循成本有助于探讨其内在关系，也有助于分析遵循成本降低的途径。而且，目前的遵循成本分类方式也不便于探索其内在关系。

4. 缺乏从理论上分析遵循成本长期趋势的研究

目前诸多机构的调研报告对于遵循成本降低的原因分析大多是从经验和访谈调研中总结出来的，没有从理论上分析不同的成本长期特征以及这些成本之间的相互关系，也就不利于从根本上分析遵循成本长期发展趋势的根本原因。比如哈茂森瑞等（Bhamornsiri，2009）认为，在审计费和内部遵循成本之间应当存在相反的关系，因为越多的支出花费在内控系统上，审计师的风险也会越低，而花费在这些系统上的付出也会相应较少。① 而这个问题与遵循成本分类和成本特性又是紧密相关的。

5. 对遵循成本优化途径的研究较为缺乏

回顾国外所有的调查和研究，较少对未来仍要发生的高额萨班斯法案遵循成本的根本原因给予大量的关注（美国管理会计师协会，2008）。行业特征、公司特征、审计师类型、信息系统、新审计技术、培训等一些技术和方法都可能会对遵循成本有着不同的影响。比如安永会计师事务所（Ernst & Young，2005）认为以 IT 为基础的开支和培训有助于长期的成本节约。但这因素都需要在实证上给予进一步的证实。目前的研究没有系统地分析有哪些技术和方法能够持续降低遵循成本。展开这方面的研究这也有助于从理论上解释遵循成本的降低原因，以及探索降低遵循成本之道。

（三）研究思想的形成

首先，目前内部控制建设的现实要求研究遵循成本问题。对萨班斯法案的执行进行成本—收益分析是决定企业是否上市，并以此是否遵循该法案的重要依据。但是对于诸多大中型公司来说，在上市已经成为一个战略选择之前提时，考虑更多的是如何使遵循成本合理化的问题。正如美国证券交易委员会主席考克斯所讲，应当发现遵循萨班斯法案 404 条款花费不高的路径。另外，由于内部控制中诸如投资者信心等效益难以度量（Krishnan，2008）。同时本着有限目标、重点突破的指导思想，本书针对目前遵循成

---

① Sak Bhamornsiri and Robert Guinn and Richard G. Schroede, "International Implications of the Cost of Compliance with the External Audit Requirements of Section 404 of Sarbanes-Oxley", *Int. Adv. Econ. Res.* （2009）15: pp. 17 ~ 29.

本较高这一问题，专门对内部控制遵循方面的成本分析，具有较强的针对性。进行专门的成本分析也是成本分析方法的通用特点，其对企业的内部控制建设仍具有积极的指导意义。

其次，"不同目的，不同成本"观奠定了多维决策成本的理论基础。不同的成本概念在实质上反映了不同的特定对象，因而可以讲成本按照不同的标志进行分类以满足管理上的不同需要（余绪缨，1999）。目前的监管现实要求企业对相关成本及进行专门计量和管理。

再次，现有的会计核算体系不能直接提供遵循的成本信息，模糊了成本发生的动因，不利于管理当局对成本发生的前因后果进行分析。

最后，浩和阁谭欧思（Hall & Gaetanos，2006）认为，遵循萨班斯法案 404 条款和 ISO 质量遵循一样都会形成某些无形资产比如流程、系统和技能，这些都不是独立和明显的资产；两者都是对控制/质量流程的评价，同样要形成控制/质量手册；都要培育员工；都要运用新的或者改进的开支系统以获得外部独立的认证。①② 本书认为，萨班斯法案 404 条款是对财务报表质量的流程控制，从本质上讲其也属于质量控制的范畴，其同时和质量管理一样也是强调持续改进。借鉴质量管理中特别是质量成本的诸多原理和研究思路方法来研究遵循成本构成相关问题具有较强的借鉴意义。

据此，有必要专门提出遵循成本的概念，借鉴内部控制、质量管理、成本管理等学科的理论和研究思路与方法对遵循成本的

---

① 维维克·VIC. 南达著，许葳莉译：《两个比一个好：ISO 9001 和 SOX 的共同点有助于加强内部控制》，《中国认证认可》2009 年 2 月。

② William A. , "Stimso ISO 9001 and Sarbanes-Oxley：A System of Governance"，*Journal of Business & Economics Research*，2006：p. 13.

构成、成本特征以及影响因素等相关问题进行研究。

（四）研究内容和研究方法

1. 研究思路与研究内容

（1）指导思想

①问题导向。从企业管理、内部控制、会计学等不同专业角度对内部控制遵循成本的有关问题展开研究，避免人为地按照学科、专业将问题分割成片断，力图解决企业实现遵循成本优化问题。

②有限目标，重点突破。不是所有关于遵循成本的问题都要研究，集中精力研究关键的科学问题。

（2）研究内容

由于强制性遵循内部控制是各国对上市公司新提出的监管要求，对于其经济后果的影响，特别是相关遵循成本的研究在理论上目前尚处于初级阶段，在实践中也处于初步探索阶段，缺乏系统而深入的研究，而本书所提出的遵循成本尚属较新的概念，笔者依照上述指导思想，将主要针对四个专题进行研究，现将具体研究内容说明如下：

1）遵循成本的构成和分类

①问题的提出。随着内部控制基本规范的实施，企业需要了解在实施过程中到底支出在哪些地方。如果在计划阶段就认识到这些费用，企业就更容易管理和控制这些成本（沈杰·安南，2008）。而美国财务经理协会（2007）也发现许多公司根本没有识别持续遵循所需的任务，也没有考察这些任务的成本，63%的组织更没有为持续改进而分派每年的预算。对此，这就需要研究遵循成本的构成以及分类，而目前关于遵循成本的分类只是简单地将其划分为内部、外部和审计费，不便于探索其内在关系性。

②创新思路。在该部分首先通过对国内外开始实施内部控制的企业为对象，通过案例来分析企业在各个阶段的成本分布，分析哪些活动形成了遵循成本，以及借助于质量成本、环境成本等管理成本的思想，将这些活动划分为具有不同成本特性的类别等。

2）遵循成本的长短期特征曲线

①问题的提出。美国财务经理协会（2007）认为，由于第一年企业会不计成本极力满足萨班斯法案的要求，而随后几年管理层会努力减少遵循成本。因此许多公司会在第二年和第三年考虑执行过程的自动化和成本最优化问题。美国财务经理协会进一步发现，大多数公司目前还没有开发出一个最小化遵循成本的计划。企业如果能够在第一次就正确地做事，那么第二年、第三年的遵循成本就会比第一年减少 30% ~ 40%。反之，如果仅仅简单地将第一年的支出界定为简单的、暂时的加以解决，那么这些公司随后年度会留下大量的工作去做（Silicon. com）。而成本优化的一个前提就是要研究不同的成本支出所具有的不同成本特性以及这些成本之间的相互作用关系，即成本特征曲线。

②创新思路。在该部分将分别研究短期和长期成本特征曲线。短期成本曲线用以说明在实现遵循内控要求的前提下如何实现遵循成本之间的内在均衡以达到短期成本之最优，特别是企业在第一年度开始实施《基本规范》时的选择；长期成本特征曲线则用来说明目前从长期来看如何投资于不同类别的遵循成本，以实现遵循成本的持续降低和最优组合的实现。其可以用来在理论上解释一些调研机构所发现某些公司遵循成本逐年下降的现象。而目前诸多机构的调研报告对于遵循成本降低的原因分析大多是从经验和访谈调研中总结出来的，没有从理论上解释和分析遵循成本长期发展趋势的根本原因。

3）遵循成本的优化途径

①问题的提出。许多公司会在第二和第三年考虑成本最优化问题，但是大多数公司目前还没有开发出一个最小化遵循成本的计划（美国财务经理协会，2007）。本书的重要目的就在于提出遵循成本的具体优化途径，这对于企业运用适当的遵循方法，合理安排支出计划具有直接的指导意义。

②创新思路。该部分将在遵循成本特征曲线和遵循成本影响因素分析的基础上，根据内控遵循成本的成本曲线特征，分别从内控的设计、实施、审计以及监管等四个方面来分析相关因素，采用规范型研究的方法来归纳总结出企业遵循成本的优化途径，提出遵循成本的优化途径。

4）小型企业内部控制遵循成本优化途径

①问题的提出。由于中小型公司内部资源有限、专业技术能力匮乏以及对正式的内部控制框架缺乏了解，执行萨班斯法案404条款时将面临更大的困难，所要花费的遵循成本可能将占收入更大的比重。中小型公司执行萨班斯法案404条款面临的过高成本问题，也是有关萨班斯法案讨论的焦点问题，引发了美国社会各界的争议。艾哈迈德（A. S. Ahmed，2010）的研究也表明，萨班斯法案给公司带来成本上的影响，尤其给小公司带来更大的影响。[1]

②创新思路。与大型企业相比，小企业在内控方面具有规模较小、业务流程比较少、拥有大量所有权的管理层来直接控制企业等特点，这些特点决定了小型企业在执行内部控制时的成本劣

---

① Anwers Ahmed, Mary Lea McAnally, Stephanie Rasmussen, Connie D. Weaver, "How Costly is the Sarbanes Oxley Act? Evidence on the Effects of the Act on Corporate Profitability", *Journal of Corporate Finance*, 2010, 16: pp. 352~369.

势和优势。本书在对美国小型上市公司萨班斯法案 404 条款执行成本的基础上，分析小企业在内控实施方面的优势和劣势，并提出了降低小企业遵循成本的途径。

5）小型企业内部控制遵循成本优化途径

①问题的提出。全国虚假财务报告委员会下属的发起人委员会（COSO，2006）认为，尽管评价和报告内控所产生的增量成本已经成为公司的许多利益相关者首要关注的焦点，但权衡成本与相关效益会很有帮助。因此，我们不但要考虑内控的遵循成本，还应当考虑其收益。在我国，内控的成本收益研究可能是未来研究的方向之一（陈少华、陈爱华，2011）。[①]

②创新思路。用成本收益分析，通常是以货币形式把成本和收益转化为同一个单位下可以计量的量，但是许多时候成本和收益是难以用货币量度，甚至难以估计，有时候数据也难以获取。即使在内控的遵循成本方面，对内控遵循成本如预防成本、实施成本以及损失成本的计量颇为复杂，很难有一个准确的数字。收益则更难量化。因此，本书对成本—收益进行规范分析，结合遵循成本的长短期特征，分别分析短期和长期的内控遵循成本—收益。

2. 研究方法

从整体上来看，本书是本着提出问题—分析问题—解决问题的逻辑，采用描述型研究方法以弄清内控遵循的成本分布，采用解释型研究以分析原因，采用规范型研究以提出解决问题的办法。将理论研究与实证研究相结合，在实证研究的基础上进行理论研究。将定性研究与定量研究相结合。有的专题以定性研究为主，

---

① 陈少华、陈爱华：《后萨班斯法案时代内部控制实证研究：回顾与展望》，《开发研究》2011 年第 1 期。

有的专题则以定量分析为主。在研究的过程中，始终结合其他学科的发展，特别是把内控理论、成本理论以及质量管理等方面的最新发展应用到本书的研究中来，以求探寻最新且适用的遵循成本及其优化途径的理论与方法。现针对本书的主要研究内容、具体的研究方法说明如下：

本书属于探索性研究，首先应当了解和掌握企业在内部控制遵循各个阶段的成本分布，以分析哪些活动形成了遵循成本，也为研究影响其的主要因素打下基础。而当研究属于解释性或描述性时，并且研究不能真实地在实验室背景下进行时，案例研究是最好的搜集实证数据的方法（Yin，2003）。因此，本书在对诸多已经实施内控企业遵循成本分析的基础上，归纳总结出遵循成本的构成。

在遵循成本构成研究的基础上，借鉴内控理论、成本理论以及质量管理等方面的研究成果，以及内部控制建设诸多企业实践，从理论上探讨遵循成本的特征曲线，并以此解释目前公司内控遵循实践中的成本变化情况。

在遵循成本优化途径研究及遵循成本—收益分析部分，进一步采用解释型研究以分析原因、归纳总结规律，主要采用规范型研究以提出解决问题的具体办法。

总之，本书的特点和研究内容决定了必须采取多种方法相结合的形式进行综合研究。

3. 技术路线

本书首先借鉴内部控制研究、质量成本研究等相关文献的理论，分析遵循成本的内涵、构成，在此基础上探讨遵循成本构成之间关系的成本特征曲线，并对影响遵循成本曲线若干的管理方法和各种影响因素进行归纳总结出内部控制遵循成本的具体优化途径，接着对小型企业内控遵循优化途径进行分析，最后对内控的成本—收益进行了综合分析。总之，本书在各个研究部分将分别选择最适宜的研究方法进行研究。本书的技术路线可由图1—1表示。

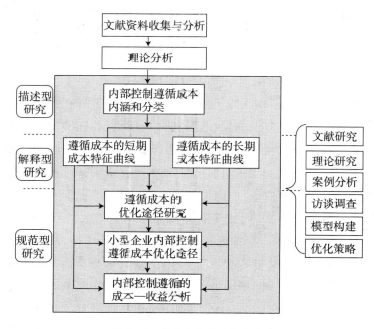

图1—1 本书研究的技术路线

第二章 遵循成本的内涵和分类

随着内部控制基本规范的实施,企业需要了解在实施过程中支出到底在哪些地方,如果在计划阶段就认识到这些费用,企业就更容易管理和控制这些成本(沈杰·安南,2008)。而美国财务经理协会(2007)也发现许多公司根本没有识别持续遵循所需的任务,也没有考察这些任务的成本,63%的组织更没有为持续改进而分派每年的预算。① 如何根据不同的支出类别,有针对性地安排计划和控制措施,就需要研究遵循成本的具体构成以及分类,而目前关于遵循成本的分类只是简单地将其划分为内部、外部和审计费,不便于探索其内在关系性和优化途径。本书探讨遵循成本的特性,并借助于质量成本、环境成本等管理成本的思想,将这些活动划分为具有不同成本特性的类别等,便于后续探讨其内部关系以及构建短期和长期的遵循成本特征曲线,为找到遵循成本的优化途径奠定理论基础。

---

① FEI, "Survey on Sarbanes-Oxley Section 404 Implementation", March, 2005, March, 2006, May, 2007, http://www.baidu.com/link?url=a78b9b30fc293c5e471ef23de092fddc99e9c5ce6808bde962cd828ce19848262c0ea1fd758aad9137fa1ace6cffde1147a71d06b532c1bdb715f7ec171a4b51843271cec0f0ed88e12a.

一、内控遵循成本的内涵

（一）遵循成本的特性

科学的内控遵循成本定义应是对内部控制遵循成本本质、目的、特征和构成内容的高度概括。但是，如何定义内控遵循成本，研究的角度和目的不同，结论也会有所差异。本书研究企业内控遵循成本的目的主要是为企业管理者的决策提供必要的成本信息。目的不同则决定了遵循成本的构成和相应的内涵也会不同。本书认为，内控遵循成本应当具有以下特性：

1. 目的性：遵循成本是为了实现内控监管要求的目的而发生的支出

不同的成本服务于不同的目的（汉森和莫文，2001），因而内控遵循成本的含义由它所服务的管理目标决定。成本是为实现特定经济目的（不包括偿还债务、退还投资）而发生的或将要发生的合理、必要的支出（张敦力，2004）。从本质上讲，内控遵循成本也是企业为实现某个特定目的的一种支出，与一般的成本无多大本质区别，只不过这种支出仅仅是与企业遵循内部控制规范及其指引活动有关的支出。

为达到内控规范对上市公司合规性的要求，企业不得不投入更多的人财物力，所需花费的遵循成本必然也会上升。这种成本主要体现在公司为了完善内控体系和企业风险管理而增加的内部合规性成本以及公司外部的审计、法律诉讼或其他费用升高而增加的外部合规性成本。内控遵循成本发生的目的是企业为了满足内部控制的监管要求而产生的支出，其成本对象应为企业范围内的所有与企业遵循内部控制规范相关的活动，与企业遵循内部控制规范活动的相关性是区别于其他成本的本质特征。内控遵循成本的相关性决定了遵循成本仅为企业满足内控规范的活动所额外增加的支出或发生的损失，若企业正常的经营管理活动已满足了外部监管要求，则企业就没有额外的内控遵循活动，也便没有了相关的成本支出，此时也就无遵循成本产生。鉴于成本巨大问题，也许并不能完全把上市公司执行萨班斯法案404条款之后发生的所有成本都算在萨班斯法案404条款之上，其中的部分成本可能是企业之前应该付出而没有付出的（林妹，2008）。①

2. 相关性：与企业遵循内部控制规范活动相关的支出

内控遵循成本是与内控监管相关的成本，是与企业内控遵循活动最直接、最密切的支出，比如在企业内部搭建内控遵循平台，设立及实施和维护遵循制度，培训遵循人员，聘请外部与遵循相关的专业人士，测试的相关成本及费用等等。而与此无关的如正常的人工、材料开支则是非相关成本，一般维持基本生产所必需的费用，如工人正常生产的工资、培训、车间经费等均不包括在遵循成本中。要避免这样的理解，即认为一切与满足内控遵循直接或间接有关的费用都应计入遵循成本。这样理解的结果会导致管理上的混乱，使成本项目在企业之间缺少可比性，并且这样计算出来的遵循成本与生产成本区别不大。将生产成本与管理成本分开进行核算，通过比较有关改进方案的差异成本，就可以评价它们的经济性的好坏，并据此从中择优，这更体现了决策的相关性、有效性和针对性（朱海芳，1995）。与内控遵循相关的遵循成

---

① 林妹：《美国执行SOX404条款的经济后果与在美上市中国公司执行结果的分析与启示》，厦门大学硕士学位论文，2008年，第34页。

本信息能够在对评价内控遵循相关方案的次优选择中帮助管理者更好地进行决策。

3. 额外性：遵循成本是额外增加的支出

遵循成本建立在增量的概念基础上，其主要为执行内控规范而追加的、独立于传统企业生产成本之外的成本费用，是有与没有该内控遵循时企业支出的差额。差额性支出是企业实际开支和不存在价值消耗时假定开支的差额，其是一种与决策相关的成本（刘广第，2003；黄元元和周海东，2000）。这里的遵循成本不是一种完全成本，而是一种独立的差额成本。

根据施蒂格勒和贝斯顿（Stigler & Benston，1977）提出的证券监管成本收益分析理论，内部控制作为证券监管部门提高会计信息透明度、防范企业风险的手段，作为被监管对象的企业必然会发生合规性成本支出，即是发行证券的公司和中介机构为了符合某项监管措施的要求而承担的额外成本，这些成本在没有该项监管下是不需要承担的。比如，被监管者承担的购买额外系统、训练员工的成本和用在守法上的时间。合规成本是被监管对象承担的增量成本，体现的是监管者对发行证券的公司和中介机构施加的最佳商业规范与他们愿意遵守的一般商业规范之间的差别（Georgr Benston，1977）。另外，美国反虚假财务报告委员会赞助委员会（2006）也认为，内控遵循成本是增量成本的概念，其是与内部控制设计、执行和评估相关的增量成本。

另外，这里的遵循成本只是相对于正常的经营管理活动而言，是为了遵循内控规范而额外增加的成本。若企业本身的管理规范，已经满足了监管要求，不需要额外增加成本，这时企业的遵循成本可能就是零。企业的规范管理能力较强时，付出的额外成本较低；相反，企业规范管理能力较差时，则会增加较大的额外成本，这时遵循成本就会较大。如同质量成本一样，当企业的质量水平较高时则企业为质量提高所额外花费的支出会减少。额外增加的成本，即遵循成本的高低从根本上反映了企业的规范管理能力，这包括对于公司治理、客户、供应商、员工、知识以及流程的综合管理能力。正如哈茂森瑞等（Bhamornsiri，2009）所认为，对于已经建立完整内控体系的公司，在萨班斯法案 404 条款实施第一年或者以后年度则只是影响支出（审计费）的边际成本，每年只是维持一定数量的固定成本即可。有些成本会被摊平，使得以后年度的成本会减少。①

4. 可计量性：遵循成本不包括那些难以计量的内容

虽然在遵循成本中还应包括投资者信心、融资成本、信誉损失、员工产生抵触情绪所产生的工作效率降低等内容，这些损失虽然也构成了遵循成本的内容，但在资料收集、信息处理、计量测定等方面还存在一系列操作性问题。因此，在表述内控遵循成本的概念时不宜包括那些难以计量的内容。另外，遵循成本的确认应符合该信息反映的真实性、可核性，要求其确认忠实于经济业务或事项的本身，审慎无误地确认和计量成本各项目的金额数据，客观反映遵循成本的规模和结构。可靠性要求只能将符合能够可靠地对相关成本费用加以计量，对于目前不能计量的内容则暂不列入。笔者认为，作为对遵循成本进行初步的探索，企业在研究、计量遵循成本时，可以从有限的规模和范围开始，从最熟悉的成本开始，逐步估计较难的遵循成本。当某些遵循成本很难

---

① Sak Bhamornsiri and Robert Guinn and Richard G. Schroede，"International Implications of the Cost of Compliance with the External Audit Requirements of Section 404 of Sarbanes-Oxley"，*Int. Adv. Econ. Res.* （2009）15：pp. 17～29.

定量化估计，并且也没有需要集成的管理支持，最好的方法就是定性分析。遵循成本的内容应随着人们的认识、经济的发展而发展。

5. 遵循成本应包括内控控制成本和内控失效成本

从不同的内控遵循活动导致遵循成本的发生的角度来看，按照遵循活动的有效性可将遵循相关的支出分为有效遵循支出和无效遵循支出，前者表现为为了遵循而必要投入的支出，例如增加的人力成本支出、培训费、咨询费、评估费，其支出是事先可以计划和控制的，故称为控制成本；而后者则表现为发生的损失性支出，例如缺陷补救、责任追查、外部法律诉讼、违反相关要求而面临巨额现金处罚和严厉的行政处罚、因内部控制体系不完善不能有效识别和规避公司面临的各种风险而遭受重大损失等相关支出。为了对企业内控体系执行的经济性进行全面评价，应将控制失效的损失考虑在内。正如美国反虚假财务报告委员会赞助委员会（2006）所言，受到重大关注的是保持有效的内部控制系统的成本，以及在编制公开报告过程中评估该系统的成本和矫正缺陷有关的成本，这就包括了缺陷矫正在内的损失支出。本书认为，遵循成本是与没能满足监管要求相联系的支出，这可以从以下两个方面来理解：一是遵循成本是与企业满足监管内控要求相关的必要的和合理的支出，若在现有的正常经营管理条件下，企业已经建立了内控所要求的基本管理制度并执行，即企业正常的经营管理就可满足监管的要求，那么就不需要进行额外的支出，也就不存在遵循成本，此时企业的遵循成本为零。二是从遵循成本构成上来看，其可分为满足监管要求的目的而多增加的费用（我们称之为控制成本）和未能满足监管要求而发生的可以货币计量的损失（我们称之为控制失效成本）。前者就是为了防止不能满足监管要求企业的额外支出，后者是没能满足监管而发生的损失。本书认为，从这个意义上讲，遵循成本应包括两个方面：内控控制成本和内控失效成本。

根据以上分析，笔者认为，内控遵循成本是与企业遵循内部控制监管要求而发生相关的支出，包括与内部控制的设计、执行、评估、缺陷矫正相关的增量成本，是为了实现监管要求而额外增加的费用，以及未能满足监管要求而发生的损失。

（二）遵循成本的确认流程

成本确认决定了各项耗费或支出是否作为成本要素来计量，并归入相应的成本计量范围，其实际上是解决是否作为成本加以计量的定性问题。对于管理成本而言，成本确认的标准要根据特定经济事项所发生的性质和要求来确认（张鸣，1998）。就遵循成本而言，由于遵循成本的产生原因比较复杂多样，涉及主体多，这就决定了其分配和计量的复杂性以及核算主体的复杂性。遵循成本与传统企业成本相比，具有较大的不确定性。遵循成本应遵循一定的确认条件，以便在操作中对遵循成本有一个定性的判断标准。

根据以上的论述，笔者认为，遵循成本的确认应遵循以下的确认流程：①导致遵循成本的事项确已发生，即该项成本是由过去与内控遵循活动相关的交易或事项形成的，即遵循成本的存在性。②企业的交易或事项是否与内控遵循的活动有关，这是确认遵循成本的基本条件，如何确定遵循成本事项的发生，关键是看此项支出是否与内控遵循相关，即遵循成本的相关性。③与遵循有关的交易或事项是否引起企业经济利益的流出，遵循成本的表现形式是资产流出或负债增加，即内控遵循相关的事项发生导致了企业的支出，即遵循成本的经济后果性。④遵循成本的金额能够合理计量或合理估计，即时间成本的可计量性。⑤支出是否为收益性支出，若属于则直接计入；若为资本性支出则分期折旧或摊销计入。⑥遵循成本的最终确认。

另外，为了方便起见，我们在本书以后的研究中不考虑税收对遵循成本的影响。

只有明确了这些条件或事项后，才能确定遵循成本的范围，加深对于遵循成本内涵的理解。这也将有助于在开展内控建设的成本管理中更好地理解内控遵循成本的概念，并使相关的工作程序更具操作性。

二、国外内控遵循成本分类研究现状

选择科学的、通用的、可接受的遵循成本构成划分方法，对于研究遵循成本的构成，考察其内在规律，以寻求降低遵循成本的途径具有重要作用。对遵循成本构成的科学划分与否直接决定着企业进行遵循成本管理的效果。正如汇杰·安南（2008）所言，随着企业首次或持续实施萨班斯法案的努力，他们需要了解这一过程中到底在什么地方花钱。如果在计划阶段就认识到这些费用，企业就更容易管理和控制它们。本章通过综述国外遵循成本及其分类的基础上，借鉴质量成本的时间构成模型，划分了遵循成本的分类。在美国对内部控制遵循成本从不同角度对其构成进行了分析。

1. 按照美国《减少文书工作法》要求，2002年美国证券交易委员会曾对萨班斯法案404条款执行成本初步估计："所有上市公司信息揭示成本最多为4950万美元，每家公司年报和季报平均增加5小时的额外工时。"此项估计的基础是：估计总的执行人工为5396266小时，假设内部人工占75%，外部人工占25%；内部小时费用率为 200 美元，外部小时费用率为 300 美元。该估计不包括任何因执行和验证管理当局内部控制报告引发的额外成本。到了 2003 年 8 月，美国证券交易委员会修正其估计，执行萨班斯法案 404 条款年度总成本约为 12.4 亿美元，平均每家公司 9.1 万美元，新增 383 工时（美国证券交易委员会，2003）。但随后调查显示，该条款执行成本远远超过该项估计，实际的执行成本远远超过了立法者的想象。① 据上，美国证券交易委员会将内控遵循成本分为内部人工成本和外部人工成本，不包括审计成本。

2. 根据美国财务经理协会 2005 年对 217 家上市公司所做的调查，在执行萨班斯法案 404 条款的第一年每家公司为遵循该条款平均花费的总成本高达 436 万美元，远远高于这些公司原本预期的 314 万美元。其中，134 万美元用于内部成本，172 万美元用于外部成本（主要是咨询费、购买软件以及其他服务），130 万美元用于支付审计费用。萨班斯法案 404 条款的遵循成本比最初认为的要高很多，因为遵循内控强制规定的平均成本上升到了 436 万美元，比 2004 年的估计值上升了 39%。美国财务经理协会共调查了 217 家上市公司，其平均年收入为 50 亿美元，在被要求估算萨班斯法案 404 条款的遵循成本时，他们说预算外的增长主要是因为咨询、软件和其他供应商等外部成本增长了 66%，而支付给外部审计者的费用上升了 58%。② 据上，美国财务经理协会将内

---

① 黄京菁：《美国 SOA404 条款执行成本引发争议的评述》，《会计研究》2005 年第 9 期。

② Financial Executives International, FEI Survey, "Sarbanes-Oxley Compliance Costs Exceed Estimates", March, 2005, http://www. prnewswire. com/ cgi-bin/ stories. pl? ACCT = 104&STORY =/www/story/04 - 03 - 2005/000 7335523&EDATE.

控遵循成本划分为内部人员成本、外部成本、审计费用三类。

3. 查尔斯河联营公司在 2005 年春季调查中，利用了"四大"事务所审计师搜集的客户 2004 年的收入情况和执行萨班斯法案 404 条款有关的审计费和有关缺陷的资料以及他们提供的受调查的公司在 2004 年和 2005 年执行萨班斯法案 404 条款有关的总成本，计算了公司的相关数据的平均值。数据表明：这些公司花费了总值为 780 万美元于萨班斯法案 404 条款的执行成本上，非审计费用的执行成本为 590 万美元，而审计费用占近四分之一——平均值为 190 万美元。这些研究还显示：萨班斯法案 404 条款的总执行成本占总收入的 0.1%，审计工作所需的费用占其总收入的 0.02%。查尔斯河联营公司将内控遵循成本划分为非审计费用的执行成本和审计费用的执行成本。按照查尔斯河联营公司对执行成本范围的界定，总的执行成本包括萨班斯法案 404 条款相关的审计费用以及审计费用之外的其他成本。萨班斯法案 404 条款相关的审计费用指的是执行萨班斯法案 404 条款所要求的由外部审计师对内部控制进行鉴证所支付的费用；而审计费用之外的其他成本就包括上市公司员工所花费时间的成本，以及差旅费、招聘新员工、培训、软件购置等与执行萨班斯法案 404 条款直接相关的付现费用。①

4. 美国独立新区银行家（ICBA）2004 年 12 月 1 日～2005 年 2 月 25 日对其成员中的公众持有的社区银行的调查结果如下：①内部员工工时。社区银行报告表示，为了遵从萨班斯法案 404 条款的要求，社区银行需要投入和将要投入的内部员工的时间为

---

① CRA, "International Sarbanes-Oxley Section 404 Costs and Implementation Issues", Survey Update, Dec. 8, 2005: pp. 34～35.

2079 工时。②记录内部控制过程。社区银行预计，遵循萨班斯法案 404 条款的要求，需要记录大约 78% 的内部控制过程，覆盖 80% 的收入。平均来看，这些已记录过程的 54% 要由外部审计师进行测试。社区银行预期，他们需要记录他们实有场所 74% 的内部控制过程。③外部审计费用。社区银行为遵循萨班斯法案 404 条款的要求，鉴证内部控制的要求而发生的外部审计费用平均预计大约需要外部审计时间 428 小时，大约占年度财务报表审计总费用的 52%。预计因为萨班斯法案 404 条款的要求增加的审计费用高达 400 万美元，平均每家 87000 美元。④软件和咨询费用。遵循萨班斯法案 404 条款的外部咨询费用高达 80 万美元，平均每家 86000 美元，鉴于许多反馈者表示他们没有计划购买软件，预计购买遵循软件的费用平均为 9000 美元，其他的采购费用大约为 20000 美元。⑤外部总费用 = 咨询费用 + 外部审计费用 + 软件费用 + 其他的采购费用 = 85802 + 87198 + 9089 + 20053 = 202142 美元。①

5. 据财务执行官协会国际联合会（IAFEI）对美国 321 家本土上市企业的调查，这些企业在第一年实施萨班斯法案的平均成本超过 460 万美元，包括 3.5 万小时的内部人工投入，以及 130 万美元的软件费用、外部顾问费用和 150 万美元的额外审计费用。②

从上述国外内部控制遵循成本及其分类的研究，可以看出，内部控制遵循成本分类具有以下四类：

---

① ICBA, "The Cost of Complying with Section 404 of the Sarbanes-Oxley Act", *Journal of Business & Economics Research*, 2004, 5: pp. 15~17.

② 文宗瑜、李铭:《"萨班斯法案"的启示》,《CFO 世界》2006 年第 7 期。

1. 根据企业遵循成本支付对象，国外的研究一般将萨班斯法案 404 条款的遵循成本划分为三类：内部员工成本、外部咨询与技术支出和额外的审计收费（Harrington，2004），也就是萨班斯法案 404 条款合规工作的成本，主要包括公司内部的成本费用、公司聘请的第三方中介机构协助完成萨班斯法案 404 条款合规工作的外部成本和审计费用。

2. 从企业角度，按照内控对公司上市费用的影响，包括董事责任保险、审计费用、法律费用、董事会薪酬、损失的生产率、其他萨班斯法案 404 条款成本和公司治理建立成本，其涵盖的范围比萨班斯法案 404 条款执行成本要大，例如董事责任保险和董事会薪酬就和萨班斯法案 404 条款没有直接的联系，审计费用中也包括了对财务报告进行审计的费用（林妹，2008）。

3. 从外部审计师的角度出发，调查的内容虽然也包括执行萨班斯法案 404 条款的成本，但是它把执行成本简单地分为萨班斯法案 404 条款相关的审计费用和审计费用之外的其他成本两类，而且单独计算了萨班斯法案 404 条款相关的审计费用占全部执行成本的比例，可见它更加关心的是相关的审计费用的情况。

4. 将企业实施萨班斯法案 404 条款需要花费的支出划分为人员费用、服务咨询费以及技术部分的费用（沈杰·安南，2008）。①

（1）人员费用包括：①现有员工增加的工作时间。企业发现首年实施萨班斯法案要求员工从现有工作职责中拿出更多时间在合规和商业之间寻求平衡。②新增员工。很多公司经过大裁员后

---

① ［美］沈杰·安南：《萨班斯—奥克斯利法案精要》，曾嵘译，中国时代经济出版社 2008 年版，第 53～56 页。

发现他们缺乏实施法案的人力。相关费用包括招聘以及培训成本，当然新增的薪资也在其中。

（2）服务咨询费：遵循萨班斯法案的过程中需要外部咨询人员帮助，大量咨询费通常是付给会计师事务所的。

（3）技术部分的费用：包括购买软件和新技术的费用、安装费用、员工培训费以及维护费用。

上述各个社会团体都从自身的角度出发，去分析和解读萨班斯法案（黄京菁，2005）。这固然为理解法案的执行后果提供了多个角度的视野，但在有些时候也不能忽略这种倾向性所带来的影响（林妹，2008）。

三、内控遵循成本分类的理论分析

（一）内部控制和质量管理关系

浩和阁谭欧思（Hall & Gaetanos，2006）认为，遵循萨班斯法案404条款和ISO质量遵循一样都会形成某些无形资产比如流程、系统和技能，这些都不是独立和明显的资产；两者都是对控制/质量流程的评价，同样要形成控制/质量手册；都要培育员工；都要运用新的或者改进的开支系统以获得外部独立的认证。①

ISO9001通过对组织的管理职责、资源管理、产品实现、测量分析与改进四个过程进行记录、检测和审核，确认哪些环节的作业增加了组织风险，进而实现内部控制，这样的要求从本质上

---

① William A. ，"Stimso ISO9001 and Sarbanes-Oxley：A System of Governance "，Paton Professional，2006：p. 138.

与萨班斯法案是相似的，并为萨班斯法案关于内部控制的诸多规定提供了"如何做"的指导方针（郭春明，2008）。①

　　在美国，已有理论界和实务界专家逐渐认识这一趋势，并提出在财务、会计及公司各项经营管理作业中仿效 ISO9001，整合公司重要管理行为（Steve Stanek，2004；Sandford Liebesman，2005），帮助公司实现萨班斯法案对内部控制的要求。美国反虚假财务报告委员会赞助委员会框架与 ISO9001 至少存在以下一些共同点：①以相关流程的作业为基础进行制度规划；②重视作业流程的标准化；③为企业经营目标的实现提供合理承诺；④需要定期检查，并对不合格作业进行矫正；⑤管理层对制度的建立和有效性的维持负有最终责任；⑥重视建立公司架构和管理权责；⑦加强持续改进和过程管理；⑧需要建立书面制度等等（郭春明，2008）。②

　　本书认为，萨班斯法案 404 条款是对财务报表质量的流程控制，从本质上讲，其也属于质量控制的范畴，其同时和质量管理一样也是强调持续改进。借鉴质量管理中，特别是质量成本的诸多原理和研究思路方法来研究遵循成本构成相关问题具有较强的借鉴意义。据此，有必要借鉴质量管理的理论和研究思路与方法对遵循成本的构成进行研究。

（二）质量成本模型的内容及运用

　　质量成本是特指与产品或服务合格或不合格相关联的成本，

---

　　①　郭春明：《萨班斯法案与 ISO9001 内部控制体系的比较》，《经济问题》2008 年第 2 期。

　　②　郭春明：《萨班斯法案与 ISO9001 内部控制体系的比较》，《经济问题》2008 年第 2 期。

合格与否的测量标准为公司制定的产品或服务的所有符合性要求，以及公司与顾客、公司与社会团体签订的规定或合同中的要求（Talha，2004）。美国著名质量管理专家 A. V. 菲根堡姆在《全面质量管理》中指出，质量成本，由控制成本和控制失效成本两部分组成，控制成本包括预防成本、鉴定成本；控制失效成本为内部损失成本和外部损失成本。即质量成本是由以下三个方面引发的成本的总和，这三个方面为：①预防不符合要求而展开的调查工作；②鉴定产品或服务与要求的符合性；③未能符合要求而引发的成本。这就是著名的 "FAP"（Failure，Appraisal，Prevention）分类方法（V. Feigenbaum，1956；Hwang & Aspinwall，1999）。质量成本表示产品或服务的实际成本与无任何亚服务标准服务、产品失效或制造缺陷情况下所需成本之间的差值（Campanella，2005）。①

预防成本（Prevention Cost）是为了预防不符合要求而展开的所有活动的成本。如开展以下活动产生的成本：新产品评审、质量策划、供方能力调查、加工能力评估、质量改进组会议、质量改进项目的设立、质量培训和教育。

鉴定成本（Appraisal Cost）是为了确保产品或服务符合质量标准和性能要求而展开的测量、评估或审核成本，包括：所购买材料的测试成本、过程检验和最终检验成本；产品、加工或服务的审核成本；测量和检验仪器设备的校准成本；以及为相关供应品或原材料而发生的成本。

损失成本（Failure Cost）是由于产品或服务不符合规定要求或顾客/用户需求而引发的成本。可分为内部损失成本和外部损失

---

① 崔松：《时间成本研究》，中国社会科学出版社 2011 年版，第 81 页。

成本。内部损失成本（Internal Cost）是向顾客交付产品之前，或者向顾客提供服务之前所发生的成本。如废品、返工、重新检查检验、原材料评审以及产品降级而引发的成本，外部损失成本（External Failure Cost）是向顾客提供服务期间或之后所引发的成本，如顾客投诉处理、顾客退货、保修声明以及产品召回等成本。

质量成本理论将质量成本分为预防成本、鉴定成本、内部损失成本和外部损失成本四个部分，并以它们的因果关系为基础，构建其理论体系和方法体系。这一质量成本理论从诞生时起，其全部内容都是围绕着以最少的质量资金投入，消灭尽可能多的废次品损失这一核心思想展开的。这种质量成本构成方法具有以下优点：清楚易懂，易于操作；各构成部分之间的因果关系使得理论构建合理，具有总的质量成本易于控制等。

由于质量成本模型优点和这种分类方法的广泛接受性，全球环境管理促进会（GEMI）也采用了全面质量管理的思想，将其运用于环境管理中，建立了基于质量成本的环境成本分类方法，即环境质量成本法。环境质量成本通过建立质量成本模型来帮助实现全面环境质量管理。它与质量成本模型相似，将环境质量成本分为四类：环境防止成本、环境检测成本、环境内部故障成本和环境外部故障成本（汉森和莫文，2005）。其中，环境防止成本和环境检测成本属于符合性成本，即符合严格的环境业绩标准的成本；环境内部故障成本和环境外部故障成本属于非符合性成本，即违反这些标准的成本。在一定条件下，符合性成本随质量水平的上升而增加，非符合性成本随质量水平的上升而下降。环境质量成本要求将环境质量成本控制在最低。这首先是通过增加符合性成本的支出，提高质量，从而减少非符合性支出来实现；当达到最优的环境质量水平后，通过改进技术的方法，减少了污染，可以使为符合性环境标准而发生的符合性成本如检测成本下降，从而使符合性成本也出现下降的趋势，最终实现环境成本的总体下降和环境业绩的不断改善。①

（三）制度创新的成本分类理论及其运用

企业为了遵循内控基本规范及其指引，作为一套新的制度安排，必然要发生制度创新的相关成本。任何一种制度的建立、运行、维护和变革都需要一定的成本（李俊，2005）。制度创新的成本包括：

（1）制定成本：就是政府部门对物质资源、人力资源和时间的耗费，包括：①有关信息的收集成本、分析成本；②行使各项行政程序所引致的物质材料、人力资源和时间的耗费。

（2）运行成本：①制度执行机构建立成本；②维持运行成本。

（3）机会成本：这个成本的产生一般来自两个方面：一是现有知识积累对廉政制度创新的认识程度，收集的信息越全面，对现有制度安排和未来制度设计就越完善、越科学，机会成本就越小，反之则越大。二是对现有制度安排潜在收益的遗弃所带来的损失，这取决于现有制度安排的利用程度，虽然制度创新的动力在于无法获得现有制度安排的潜在收益，但由于信息不对称和知识水平的局限，现有制度安排的价值可能难以全面利用而产生剩余的机会成本（田湘波、刘忠祥，2009）。②

对于企业而言，制度创新的成本可包括创立成本、脱序成本、

---

① 崔松：《时间成本研究》，中国社会科学出版社 2011 年版，第 82 ~ 83 页。

② 田湘波、刘忠祥：《廉政制度创新的成本收益研究》，《中南林业科技大学学报（社会科学版）》2009 年第 5 期。

失益成本、适应成本四个方面。制度创新成本结构一项制度的创立过程同时也是改变原有制度系统的过程，故又称做改制过程（张旭昆，2002）。改制过程给企业带来的各种成本可统称为改制成本。改制成本由四个部分组成。[①]

（1）创立成本。创立成本可以看作是改制成本的一个子集，主要跟参与制度创立的人有关，而改制成本则与所有受到制度创立和改变所影响的人（包括制度创立和改变过程中那些未参与创立和改制活动的人）有关。

（2）脱序成本。它与制度创立和改变过程中出现的暂时的社会失序或无序状态给个人带来的不便有关，新旧制度交替之际，社会容易出现失序或无序状态，使个人无章可循，无法可依，由此引起许多麻烦和不便，从而形成脱序成本。

（3）失益成本。它是个人可能失去在原有制度下稳定获得的某些净收益，并使得制度改变以后的净实施收益低于改变以前的净收益。它近似于人们常说的体制改革中的摩擦成本。失益成本与脱序成本有所不同，失益成本只发生在制度的非帕累托改进中，而脱序成本在任何制度变化过程中都存在（张旭昆，2002）。

（4）适应成本。它是个人理解、学习、适应新制度所花费的成本。新制度改变了个人的博弈策略，为了找到新的最优策略，个人往往需要花费很多精力去理解新制度，需要个人改变固有的习惯，形成新的行为方式。例如，改变一项交通规则会产生一定的脱序成本，如交警和行人在熟悉新交通规则之前，可能会出现一定的交通秩序混乱，给行人带来不便；也会引起一定的适应成

---

① 张旭昆：《制度创立过程中的成本结构》，《资料通讯》2002年第6期，第35～36页。

本，如交警和行人都要花费时间和精力去熟悉新交通规则。

脱序成本、失益成本与适应成本在制度演化中发挥着阻尼或摩擦作用，历史上许多制度创新之所以失败，究其原因，未必是新制度对大多数人的实施净收益太低，往往是因为这三项改制成本太高。过高的脱序成本、失益成本与适应成本往往引起人们（他们中间很多人的新制度实施净收益可能都是正值）对制度创新或改制的反感。当然，脱序成本、失益成本与适应成本在制度演化中的阻尼或摩擦作用也并非毫无积极作用。它们发挥着一种筛选作用，只允许那些实施净收益充分大的新制度才得以创立，这就遏制了过于频繁的改制或制度创新（张旭昆，2002）。

以正式制度安排为例，制度供给的成本至少包括：①规划设计、组织实施的费用；②清除旧制度的费用；③消除制度变革阻力的费用；④制度变革及其变迁造成的损失；⑤实施成本；⑥随机成本（马洪、孙尚清，1996）。[①]

内控基本规范作为一种强制性的制度安排，如同萨班斯法案一样，在保护投资者利益的同时，也会发生制度创新成本，也会增加上市公司的合规性成本。

四、内控遵循成本的分类及构成

"不同目的，不同成本"观奠定了多维决策成本的理论基础。不同的成本概念在实质上反映了不同的特定对象，因而可以将成本按照不同的标志进行分类以满足管理上的不同需要（余绪缨，

---

① 卢现祥：《西方新经济制度经济学》，中国发展出版社 1996 年版，第 124 页。

1999）。同时，现有的会计核算体系不能直接提供遵循的成本信息，模糊了成本发生的动因，不利于管理当局对成本发生的前因后果进行分析。本书拟根据全面质量管理的成本构成划分思想，并借鉴制度创新成本的分类理论，将内控遵循成本分为四类：设计成本、实施成本、内部损失成本、外部损失成本。

（一）预防成本

预防成本（Prevention Cost）是指为了防止不合规内控缺陷的发生，而在组织内部采取目标制定、事项确认、风险识别、风险评估、风险应对、信息沟通等措施所花费的成本，包括设计成本和实施成本。

1. 设计成本

企业要建立完整的内部控制体系，其中包括控制环境、风险评估、控制活动、信息沟通以及监督五个部分。建立健全内部控制体系的工作量异常繁重，建立内部控制体系的过程严密而繁杂，而萨班斯法案 404 条款的要求包括成熟的内控环境、风险评估、控制活动、信息与沟通、监督等方面，其涵盖公司运营的各个领域，如中国移动内控项目就涉及企业经营、IT 系统控制、投融资管理、财务监控、法律法规监督等 13 个大类、38 个细项。一旦投入实施，必将引起整个公司整体控制管理流程的重组、人员岗位职责的改变。同时，内部控制活动的记录不仅要细化到像产品付款时间这样的细节，而且对重大缺陷都要予以披露。这样，一方面，很多公司要建立新的控制、形成文件并向审计人员证实，而这些工作在以往并不全是必需的；另一方面，很多以前可以自行完成的事务，不得不由外部的专业人士来进行（一般是聘用咨询师），或者雇用新的员工，如修订审计委员会章程、形成新档案的工作、修改财务披露的方法和指引等。

设计成本，包括设计内部控制体系所发生的人工费用、调研费用、咨询费用、软件费用、内控管理的日常事务（行政管理费）及其他管理费用，具体包括：①内部员工需要投入时间参与项目的接受访谈、问卷测试、讨论以及培训等设计活动。②软件费用：企业为了满足内控要求而购买软件和新技术的费用以及安装费用和维护费用。③新增部门以及招录具有必需的财务报告和其他专长的人员所增加的费用。④为让员工熟悉内控内容、技术和要求而发生的培训费用。⑤咨询费用：比如中国人寿已经启动加强内部控制建设项目，鉴于自身无足够经验，因而外聘"四大"外资会计师事务所之一的安永会计师事务所提供内控项目咨询工作。此前，中国人寿已聘请普华永道会计师事务所作为外部审计机构，因为考虑到一家会计师事务所既做咨询又做审计，可能会影响审计结果的真实性。为此，中国人寿又增加了不少咨询成本。⑥相应的内部控制制度所形成大量的书面材料，包括公司所有岗位的职务、职责的描述、会计政策和程序。⑦内控管理的日常事务（行政管理费）等。

内控设计工作主要是在文件上进行内部控制建设工作，确立关键控制，形成控制文档，完善公司的期末财务报告流程，并进行信息平台建设。内部控制建设成本在财务上体现为管理咨询费用和软件安装费用上，可以以量化成本的形式计入管理费用；人力资本投入的成本，包括新增的人员及工作时间的增加；以及人力资本投入的机会成本这种机会成本量化比较困难，但也可以以投入的人员和时间进行计量（张根明等，2008）。

2. 实施成本

实施成本是指因确立控制环境而改变组织结构、分离职责、调整和培训员工等成本，评估风险所发生的费用，实施控制活动所发生 IT 系统等设施、人工和管理费用，搜集、加工、传递和储存信息所发生的费用以及监督内部控制所发生的费用等。内部控制基本规范要求：①每个上市公司均须将公司所有岗位的职务、职责描述清楚，各个岗位职责并使岗位设置细化，相关岗位要发挥互相监督、职能分离的作用；②增加新的岗位，使得雇佣员工增加；③在完善内控机制过程中，强调控制的过程，要保证在对交易进行财务记录的每一个环节，都有相应的内部控制制度，并要求各个环节的过程文件填列内容更加明细化；④此外，公司还要指出内部控制的缺陷所在。另外这些工作都需要大量材料和文件支持，也会增加每个环节的工作量。而要完成这些工作绝非易事，特别是对于组织分散、业务范围复杂的大型公司而言，组织越分散，业务越复杂就意味着要做的工作越繁杂，这促使其不得不投入更多时间来实施内控基本要求的内部控制措施。

实施成本包括确立内部控制环境、评估风险、实施控制活动，搜集、加工、传递和储存信息，持续监督内部控制等活动所发生的费用，具体包括：①确立控制环境而改变组织结构、分离职责、调整和培训员工等成本。②评估风险所发生的费用。③实施控制活动所发生的设施、人工和管理费用。④搜集、加工、传递和储存信息所发生的费用。⑤增加的监督工作带来的成本支出。⑥为了符合萨班斯法案 404 条款的要求，公司需要花费大量的时间在控制文档记录和测试程序上。据美国独立社区银行家对社区银行的预计，遵循萨班斯法案 404 条款的要求，需要记录实有场所大约 78% 的内部控制过程，覆盖 80% 的收入。⑦更为频繁的董事会会议和审计委员会会议的成本支出，比如福利和拉德纳会计公司（Foley & Lardner，2004）对 2003 年和 2004 年拟上市公司情况调查表明，为了符合萨班斯法案的要求，已经在美国上市及打算在美国上市的公司不得不支付大额的费用在公司治理结构的改善项目上，提高了企业的上市成本（黄京菁，2005）。⑧公司与外部审计师频繁沟通带来的成本支出。⑨增加的公司法律事务、财务部门和人力资源部门的工作量。⑩为遵循法案要求，还分散了高级经理对关键商业活动的注意力，挤占管理活动和研发投入，有可能降低公司的效率。特别是按照内控规范，CEO 和 CFO 对公司的内部控制和财务报告的有效性负责，使得 CEO 和 CFO 不得不从经营活动中抽取部分时间和精力来关注该法案的合规工作（A. S. Ahmed，2010）。

值得说明的是，实施成本还包括董事会机构变化所带来的支出。2004 年普华永道对 CFO 和董事长的一项调查指出，董事会和审计委员会在公司治理上要比往年花费更多的时间和努力。董事长将更多的时间和精力投入到公司事务上，被调查企业有一半的审计委员会开会的次数更多，会议持续时间也更长。对委员会成员的付酬，也会适度增加。有 29% 的委员会报告随着时间付出的增加，报酬随之增加；只有 10% 的委员会计划第二年增加报酬。另一项与董事会相关的间接成本是源于对独立董事角色的强调。法案 303 条款要求所有上市公司的审计委员会成员必须是独立董事。由于独立董事不是公司的专职人员，他们无法直接获得财务信息，需通过管理者提供，因而审计委员会需要花费费用雇佣一些人以帮助独立董事更全面地了解公司业务交易。

（二）鉴定成本

鉴定成本（Appraisal Cost）是为了确保内控体系符合监管要求而展开的测量、评估或审核成本，包括自我评价成本和外部评估成本。

1. 自我评价成本，是指定期或不定期评价和报告内部控制所发生的费用；其他资源消耗，包括评价控制程序、审计部门工作量的加大等引发的成本。《基本规范》要求公司年报中包括一份《内部控制报告》，该报告要明确指出公司管理层对建立和保持一套完整的、与财务报告相关的内部控制系统和程序所负有的责任，并要包含管理层在财务年度期末，对公司财务报告相关内部控制体系及程序的有效性的评估。自我评估机制也可以帮助公司发现控制弱的区域，以及控制漏洞，及时审时度势，弥补内控系统的缺陷，确保内部控制系统持续有效。这也是《基本规范》所要求的。在执行法案的过程中，往往公司对于内部控制自我评估的范围或程度又不能低于审计师，导致公司投入的成本更高。普华永道会计师事务所的调查发现，萨班斯法案404条款的执行成本中的内部执行成本高昂，有62％的受访者表示控制自我评估的费用是导致内部执行成本高昂的因素之一。

2. 外部评估成本是指每年会计年度结束时，企业还需额外聘请外部审计人员对内部控制的有效性进行鉴证，出具审计报告，企业需要花费审计费用的支出。《基本规范》规定，对内部控制情况的审计是由注册会计师在报表审计之外，提供额外的鉴证意见。这样的工作量大大超出单纯的财务报表审计，内部控制的测试工作量的增加直接表现为审计时间的延长，对于按时索费的注册会计师来讲收费自然增加。

同时，为胜任内部控制信息审核等业务需要，会计师事务所要招聘熟悉企业管理、信息系统的新雇员或者进行这方面的专门培训。会计师事务所所付出的员工培训费用也是引发萨班斯法案所耗成本高昂的原因之一（Dennis Nally, 2004）。如德勤已经花费了 100000 个小时开展萨班斯法案 404 条款的培训工作（Deloitte，2005），在内部控制鉴证初始阶段也会存在不熟悉判断的标准而出现效率低下的局面。为了赶在最后期限之前完成内部控制复核工作，普华永道会计师事务所雇请了 1600 余名审计人员着手检查客户的内控程序，甚至还从其他英语国家引进了 400 多名临时雇员。为了赶在最后期限之前完成内部控制复核，普华永道公司已经在员工培训上投入 4000 万美元，普华永道 2006 年招聘总人数比 2005 年高出将近 30%（王晶莹，2004）。萨班斯法案 404 条款所创造的内部控制鉴证工作的工作量，使得事务所对会计专业毕业生的需求骤然陡增，各大事务所目前都呈现职位空缺的情形。面对审计人员不足，为了迅速提高审计服务的供给能力，各层次的事务所都不得不开始在全球范围招募人才，随着人才的告急，业内工资水平普遍上涨了 10% 左右，这一涨幅最终部分转嫁由被审计单位来承担。①

对于内部控制的评价，内控审计要求审计师从控制缺陷发生的可能性以及缺陷程度两个方面切入来评估内部控制，判断其控制缺陷是属于：控制缺陷、重大缺陷还是实质性漏洞，增加了审计人员的职业判断风险，为降低风险，事务所往往出动经验丰富、级别较高的审计师参与控制评估，增加了整体审计成本。

另外，对内部控制有效性的评估需要审计人员和公司的管理层进行沟通和探讨（Carrie Johnson，2005），从而延长了审计的时间，增加了其成本。

最后，在强制提供内部控制信息的情况下，一般都会制定相

---

① 王晶莹：《会计师事务所 VS 萨班斯—奥克斯利：塞翁失马，焉知非福》，《中国会计视野》2004 年 8 月 9 日。

关的惩处规定，注册会计师承担的风险增加，作为补偿，这部分风险溢价也包括在审计费用中。事务所为了降低风险，进一步增加审计的成本支出。风险和报酬是相对应的，那些管理不健全或者存在高风险的公司审计费用必然大幅度提高（Coleman，C. Brayan Low，2002）。

根据美国财务经理办会对美国 321 家企业的调查结果显示，美国大型企业执行萨班斯法案 404 条款的财务成本超过 460 万美元，其中外部审计费为 150 万美元，占总费用的 32.6%。审计师的责任风险加大，其报酬的水平也随之正向变动。从审计费用和审计客户的总资产的比率来看，在萨班斯法案实行前的 2000 年度，该比例为 0.092%，而在萨班斯法案通过后的 2002 年上升为 0.157%（Sharad Asthana，2004），这种增长幅度还和公司的特性密切相关，那些管理不建全或者存在高风险的公司的审计费用更是大幅度提升（Coleman C. Brayan-Low，2002）。

从审计费用总的变化情况看，埃斯萨娜等人（Asthana，Balsam & Kim，2006）分析了 2000 年至 2002 年 5208 家公司的审计收费情况后发现，在安然事件发生之前的 2000 年，审计费用占资产总额的比例是 0.092%（74.8 万美元），在萨班斯法案通过的 2002 年这一比例是 0.157%（109.9 万美元），同时不仅审计费用增加，而且"四大"获得的溢价也在增加，大公司和高风险的公司付出的审计费用增加得更多。[1] 查尔斯河联营公司的调查也表明，审计费用约占每家公司执行萨班斯法案 404 条款总成本的

---

[1] Asthana, Balsam & Kim, "Examination of Audit Fee Premiums and Auditor Switching Pre and Post the Demise of Arthur Andersen and the Enactment of Sarbanes-Oxley Act", 2006, http://www. docin. com/p-92889781. html # documentinfo working paper.

25%，平均为190万美元，占年收入的0.02%。

（三）损失成本

损失成本（Failure Cost）是由于企业内控不符合监管要求而引发的成本，可分为内部损失成本和外部损失成本。

1. 内部损失成本：发现控制缺陷而实施的检查、追究、处置、弥补等活动所花费的成本；风险发生且对组织内部造成了现实危害，对其进行处理、处罚、整治而支付的成本；控制不到位，不能有效识别和规避公司所面临的各种风险；缺乏风险防范机制所导致的直接或间接的经济损失；控制手续增加、审批周期延长而导致的效率降低、员工因感到不被信任而产生的负面影响；人力内控流程的投入，妨碍主营业务所造成的损失等。内控结构涉及公司运营的各个环节，除了财务、审计、信息系统等部门，任何一个对公司报表有影响的部门都要参与其中。这种大范围、长时间的人力内控流程的投入，难免会妨碍主营业务，这种内部损失成本是很难衡量但又不得不考虑的（张根明等，2008）。这种内部损失成本包括建设和运行两个阶段的人员投入而延误工作所造成的损失。根据美国审计总署（GAO）2006年发布的调查报告，一些被调查的中小型上市公司在执行萨班斯法案404条款的第一年，公司CFO和财务主管90%的工作时间都用于处理有关遵循萨班斯法案404条款的问题；47%的被调查公司为了执行萨班斯法案404条款而推迟或取消了改进公司经营活动方面的活动；超过39%的被调查公司表示，为了遵循萨班斯法案404条款，推迟或取消了信息技术方面的投资（邱月华，2007）。不难想象，如果公司员工甚至管理当局被"困在"萨班斯法案404条款的执行中，把大部分时间花费在内部控制细微之处的调整上，对企业工作的耽搁就会间接对企业造成损失。特别是按照法案，由于 CEO 和 CFO 对公司的内部控制和财务报告的有效性负责，使得 CEO 和 CFO 不得不从经营活动中抽取部分时间和精力来关注该法案的合规工作（A. S. Ahmed，2010）。在计划、预算和预测、向管理层以及外部相关监管机构的报告方面，企业面临着"业绩和合规"之前的"不平衡"问题。特别是，萨班斯法案要求上市公司管理当局对内部控制的有效性承担责任，这把管理当局置于很大的诉讼风险之下，作为决策者的管理当局可能就会变得过于谨慎，耗费更多的时间去回顾检查那些重要的决定，从而错过有利的机会；或者是在决策时倾向选择风险较低、较为保守的策略，而低风险也通常代表着低收益。当企业的这一失衡状态延续下去，就会错失使得企业价值持续增长的机会（毕马威，2005）。除了可用数字衡量的成本外，遵循萨班斯法案还会给企业带来损失，即管理层因害怕承担风险而放弃极好的投资机会（孙轲，2006）。

2. 外部损失成本：因没有遵循内控规范而遭到诉讼成本带来的成本；以及上市公司毫不执行内控规范条款被监管机构查处而面临巨额现金处罚和严厉的行政处罚支出；风险发生且对组织外部（包括对社会）造成了现实危害，对其进行处理、处罚、整治而支付的成本；投资者可能会因上市公司提供虚假财务报告而面临重大损失等等（张根明等，2008）。

在我国，企业基本规范的实施将导致法律事务以及诉讼成本增加。首先，强制要求提供内部控制信息的新的法规包括一部分对违反该法规的惩处规定，上市公司会面临未能完全遵循该法规时的惩处。其次，在内部控制信息披露中签名的管理当局或者董事会成员，在内部控制信息未能真实反映上市公司控制状况时，会遭到投资者的诉讼威胁，无论是否胜诉，高额的诉讼成本都是难以避免的。最后，由于股票持有人对董事和执行官的法律诉讼增加，导致为公司董事和执行官购买责任保险的开支也会大增。法律诉讼费，主要是因为公司违规操作或其他原因，为了应对起诉而耗费的资源。

在美国，萨班斯法案 302 条款要求首席执行官及财务总监对上市公司财务报告内控机制的有效性作出保证，该保证附带有民事责任；而 906 条款对故意进行证券欺诈的罪犯最高可判处 25 年入狱；对犯有欺诈罪的个人和公司的罚金最高分别可达 500 万美元和 2500 万美元；故意破坏或捏造文件以阻止、妨碍或影响联邦调查的行为，将视为严重犯罪，将被处以罚款或判处 20 年入狱，或予以并罚；公司首席执行官和财务总监必须对报送给美国证券交易委员会的财务报告的合法性和公允性进行保证，违反此项规定将处以 50 万美元以下的罚款，或判入狱 5 年。[①] 安然事件后，美国董事和管理人员责任险费率与投保支出明显增加就反映了该变化趋势（Christopher Oster，2002）。

企业发现其重大的内部控制弱点，意欲遮掩，在被揭发后很可能会引发诉讼，带来大量的成本，如实客观的内部控制信息披露可避免企业的这一损失（张琦，2008）。但是，在我国目前尚无这方面的规定，另外关于财务信息披露方面的诉讼以及胜诉的案例较少，因此，我国内部控制的法律和诉讼成本较少。

---

① 甄立：《萨班斯法案对企业成本的影响》，《中国农业会计》2006 年第 10 期。

第三章　短期遵循成本分析

从近年来美国上市公司执行萨班斯法案 404 条款的数据可以看出，美国上市公司执行该条款对美国资本市场的发展具有巨大的意义，同时其短期执行成本之大使得一些公司难以承受。所以，如何控制萨班斯法案 404 条款短期的执行成本对于这个制度的执行极为重要，这是保证萨班斯法案 404 条款能够服务于美国资本市场和经济发展的前提条件。这不仅仅是美国需要思考的问题，对于我国实施上市公司内部控制规范同样重要。

虽然萨班斯法案的执行给公司带来了收益，譬如提高经营效率、增加投资者对公司财务报告的信心，但这些大都难以用货币量化，而且有的需要在萨班斯法案执行之后较长的一段时间内才能体现出来。这就使得上市公司的目光都集中在执行法案短期内的高昂成本之上（林妹，2008）。对于内控建设这一制度遵循而言，即使从长期来看有助于约束并统一市场主体的行为选择，减少舞弊和欺诈，提高投资者的信息，建立安全的市场秩序，实现社会和谐、经济持续发展，但是在遵循初期必须考虑短期成本问题。本章在对目前美国第一年遵循成本现状回顾的基础上，分析短期遵循成本巨大的原因，提出短期遵循成本曲线，对目前的诸多企业内控遵循实践进行解释，并提出可行的对策和建议。

一、短期遵循成本的现状

美国执行萨班斯法案 404 条款对于我国强制内控规范的借鉴意义很大程度在于，我国在执行内控规范时必须对制度执行成本有充分的考虑，特别是内控规范可能对于上市公司（特别是较小规模公司）在短期内带来巨大的压力。如果无法将上市公司短期的执行成本进行有效的控制，则内控规范即使对我国资本市场从长期来看再有价值，内控规范还是无法有效执行，并会给上市公司和社会造成巨大的损失。本节主要对美国上市公司执行萨班斯法案 404 条款初期短期遵循成本的情况进行回顾。

美国财务经理协会在 2004 年 5 月对 224 家公众上市公司的调查显示，执行萨班斯法案 404 条款将使得公众公司比其 2004 年 1 月所做的调查中预期平均多付出 62% 的成本费用，这些成本费用的高涨源自其内部成本的 109% 的增幅、外部成本的 42% 的跳涨和 40% 的外部独立审计费用的增加。调查的结果显示，2004 年 7 月总的执行成本的预期值是 31.4 亿美元，比 2004 年 1 月所做的调查中公众公司的预期值 19.3 亿美元要多出 62%。被调查的公司预期将因为审计师对其内部控制所做的证明工作而付给其 8.23 亿美元的审计费，2004 年 1 月所做的调查中公众公司的预期的该项费用为 5.9 亿美元。[①]

按照美国《减少文书工作法》的要求，美国证券交易委员会在

---

① Financial Executives International，"Understanding Sarbanes-Oxley Section 404 the New Reports and What They Mean to You"，Dec.，2007，http：// www. prnewswire. com/cgi-bin /stories. pl？ ACCT = 104&STORY =/www/story/07 – 08 – 2004/0004835593&EDATE.

2002 年曾对萨班斯法案 404 条款的执行成本做过初步估计，得出结论说：所有上市公司信息披露成本最多为 4950 万美元，每家公司年报和季报平均增加 5 小时额外工时。2003 年，美国证券交易委员会就修正了估计，说执行萨班斯法案 404 条款的年度总成本约为 12.4 亿美元，平均每家上市公司 9.1 万美元，新增 383 小时额外工时。需要指出的是，这个估计中还不包括任何因执行和验证管理当局内部控制报告所引发的成本。但随后的调查显示，萨班斯法案 404 条款的执行成本远高于美国证券交易委员会的估计。①

监督系统公司（Oversight Systems，专门为实时交易提供独立持续监控方法的提供商）在 2004 年就执行萨班斯法案的 222 家公司的财务经理展开调查，当被问及第一年的成本时，54% 的财务经理认为超过了预期，有 40% 的财务经理认为高昂的消耗和预期相当，只有 7% 的财务经理认为首年执行成本小于预期。②

美国财务经理协会于 2005 年 3 月对 217 家平均收入为 50 亿美元的上市公司进行调查。结果显示，平均内部执行成本为 134 万美元，平均外部执行成本为 172 万美元，萨班斯法案 404 条款平均审计费用为 130 万美元，分别是 2004 年 7 月估计金额的 1.04 倍、1.66 倍和 1.58 倍。发现上市公司实际发生的萨班斯法案 404 条款的执行成本比其预期的成本要高很多。美国财务经理协会发现，萨班斯法案 404 条款的首年总执行成本是 43.6 亿美元，比 2004 年 7 月调查时的预期值 31.4 亿美元高出了近 39%，主要原

---

① 黄京菁：《美国 SOA404 条款执行成本引发争议的评述》，《会计研究》2005 年第 9 期。

② Oversight Systems, "The 2004 Oversight Systems Financial Executive Report on Sarbanes-Oxley", 2004, http://www.oversightsystems.com/resources/case_ studies.php.

因在于外部成本比如咨询费用、购买软件等上涨了 66%，而外部审计师的收费比以往多出了 58%。①

2005 年春，查尔斯河联营公司受"四大"委托对"四大"的客户中属于财富 1000 的 90 家公司进行调查，结果发现成本高得可怕，遵循萨班斯法案 404 条款的平均成本是 780 万美元，其中与萨班斯法案 404 条款相关的审计费用占了 190 万美元，萨班斯法案 404 条款的审计费用大概为公司收入的 0.096%，总体遵循成本更是占到公司收入的 0.025%。②

摩根（A. R. C. Morgan，2005）在美国证券交易委员会备案报告和公开声明中披露萨班斯法案 404 条款遵循成本的公司进行的研究发现：如果以占销售收入比例的方法来衡量，较小的公司比较大的公司承担更高的成本比重。对较小的公司（年销售收入不到 20 亿美元）来说，外部遵循成本占收入比重为"180 万美元∶10 亿美元"。这个数字还没有考虑财务报告内部审计和增加的外部审计费用，也没有考虑管理层的时间占用和内部资源的时间消耗。加上这些资源，对于年销售收入不到 20 亿美元的较小公司来说，这一比重变成为"320 万美元∶10 亿美元"。而对于大公司来说，这一比重仅为"100 万美元∶10 亿美元"。③

---

① Financial Executives International, FEI Survey, "Sarbanes-Oxkv Compliance Costs Exceed Estimates", March 2005, http：//www. prnewswire. com/ cgi-bin/ stories. pl? ACCT = 104&STORY =/www/story/04 – 03 – 2005/ 0007335523&EDATE.

② CRA, "International Sarbanes-Oxley Section 404 Costs and Implementation Issues", Survey Update, Dec. 8, 2005：p. 36.

③ A. R. C. Mongan, "Sarbanes-Oxley Implementation Costs-What Companies are Reporting in Their SEC Filings", Feb., 2005, http：//www. armresearch. com.

　　根据财务执行官国际联合会（IAFEI）对美国 321 家本土上市企业的调查，这些企业在第一年实施萨班斯法案 404 条款的平均成本超过 460 万美元，包括 35000 小时的内部人工投入，以及 130 万美元的软件费用、外部顾问费用和额外审计费用。著名的通用电气公司为此花了 3000 万美元来完善自己的内部控制系统。另一家机构的调查表明，实施萨班斯法案给上市公司带来的合规性成本平均约为 300 万美元，对于年度营业收入超过 50 亿美元的公司则将达到约 800 万美元。①

　　福利和拉德纳会计公司（Foley & Lardner，2004）对萨班斯法案的执行成本（相当部分是提供内部控制评估报告和注册会计师审计报告的成本）进行研究，表明审计费用将增加 105%、法律费用增加 91%、为董事和执行官的保险费增加 94%。②

　　对公开披露信息分析所得出的遵循成本。对于遵循成本的研究主要集中在审计成本方面。埃尔德里奇和克里（Eldridge & Kealey，2005）研究了财富 1000 中的 648 家公司的审计费，发现在实施萨班斯法案 404 条款之后，审计费增长 65% 在统计上是显著的。福利和拉德纳会计公司（2005）研究了成为公众公司的成本，发现萨班斯法案 404 条款之后，其提高了 45%。该项研究进一步分析了对标准普尔数据库 700 家企业审计费的变化情况，发现整体上提高了 61%，其中小公司的审计费提高了 84%，大公司的审计费提高了 55%。这与哈茂森瑞等（Bhamornsiri，2009）的

---

　　①　黄京菁：《美国 SOA404 条款执行成本引发争议的评述》，《会计研究》2005 年第 9 期。

　　②　Foley & Landner LLp，Thomas E. Hartman，"The Cost of Being Public in The Era of Sarbanes-Oxey"，National Directors Institute，Chicago，May 19，2004：p. 125.

研究结论类似，作者认为，这可能意味着小公司内控较为薄弱，需要额外的审计分析，同时也说明小公司有更多的实质性缺陷，也就更需要萨班斯法案。

从案例分析获取的实证数据进行分析所得出的遵循成本。斯妮娜和兰根迪克（Sneller & Langendijk，2007）研究了以美国公司的一个欧洲分支机构的遵循成本，发现企业自我评价成本是美国证券交易委员会初步估计的 12 倍，审计成本则提高了 50%。

遵循成本之外的间接成本。除了与萨班斯法案 404 条款相关的遵循成本之外，企业还存在间接成本，比如：转移了管理者的注意力，使得运转效率下降，影响公司竞争力；扭曲了管理者的激励和投资决策；减少了公司的风险承担行为；使代理成本和错误非法化，增加了公司的诉讼风险；提高了通过证券市场募集资金的成本等等（Ribstein & Butler，2006）。

美国的企业尚且如此，对于原本在财务和会计制度方面与美国本土不尽相同的外国企业而言，这笔合规成本只会更高。在第一个年度里，44 家中国公司因这部严法需付出的费用将直逼 2 亿美元（李隽琼，2006）。据悉，上市之初在美便饱受集体诉讼的中国人寿，启动加强内部控制建设的"404 条款"已经多时，鉴于自身无足够经验，为此支付巨额的服务费用外聘国际"四大"会计师事务所之一的安永会计师事务所为其提供咨询工作，同时继续聘请普华永道会计师事务所作为外部审计机构。①

二、短期遵循成本巨大原因分析

在项目实施初期，所有上市公司都会由于对萨班斯法案的不

---

① 王娜：《"萨班斯"大考逼近中国企业》，《法人》2006 年第 7 期。

了解而花费高额成本进行大量准备工作。许多公司记录实际执行的内部控制活动、与同行业最佳实施方法做比较、找出实际执行的控制活动存在的缺陷、寻求改进办法弥补缺陷，再加上时间紧迫、资源受限、无经验可借鉴等因素，为此，公司花费了大量成本用于相应的人工成本、软件购买、员工培训和外部咨询。内控实施初期诸多公司花费了大量成本，综合上述研究，短期遵循成本巨大的原因如下：

（一）内审部门规模的扩大或新部门的成立

在目前内控体系下，内部审计担当的角色会发生较大变化，因为内部审计要同时担当两个角色（内控和其他任务）。为了给内控规范提供保证，内部审计部门要在两个领域同时行使不同的职能，资源的增加将不可避免，这对内审部门提出了新挑战。另外，内审部门还需认真衡量把内审资源在内控项目和其他项目之间进行合理分配（崔青春、袁翰青，2005）。同时，在实务中CPA也会强调填补公司内部审计部门空缺的紧迫性（慕容天，2005）。这些都会促使内审部门规模的扩大，包括所需人力、技术等资源的增加。根据安永（2006）对上市公司的调查也发现，为了应付萨班斯法案404条款项目相关活动的要求，在年收入少于10亿美元的受访公司中，有五成预计其内审部门的规模将扩大25%以上，其余一半则预计有50%或更大增幅；年收入超过50亿美元的受访公司中，则有超过三成公司预期内审部门的增幅超过25%。[①]

另外，在美国上市公司遵循萨班斯法案404条款的实务中，

---

① 安永：《内部控制新趋势——SOX法案遵循工作实施调研》，2006年12月，见 http://doc.mbalib.com/view/2c928ca26bca327c72777ebf3d 99527b. html。

很多大型企业不会扩大审计部门而是可能更倾向于建立独立的"404 项目办"或内控项目办公室。而是否建立 404 项目办与公司规模存在正比关系，当公司规模越大，就越有可能建立一个专门的 404 项目内控部门。在安永对美国上市公司的调查中，全年总收入超过 200 亿美元的受访公司，有接近一半正打算或将成立一个专门监察内控和 404 项目相关活动的新部门或小组（崔青春、袁翰青，2005）。这样，在内控规范强制要求的情况下，一个新兴部门可能会应运而生。这个部门的技术特点与内审并没有清晰的界限，但是它的确需要大量的人力，而且从事的是区别于内审和外审的工作，他们从事的是以计划、文档记录、测试、整改为主要内容的一种新工作。

（二）时间压力造成外部咨询费用的增加

很多公司都在抱怨内控遵循成本加大的一个主要原因还包括实施时间较为紧迫的问题。由于从来没有被要求对内控出具评估报告的经验，上市公司需要完善风险的控制点很多，短时间内达到萨班斯法案 404 条款的要求比较难（崔青春、袁翰青，2005）。在我国，虽然内控规范给了企业一定的过渡期，但是自内控指引颁布到上市公司执行也就一年的时间。在一年的时间内，要建立并有效实施新的内控体系对于诸多公司而言时间很紧，也非常困难。而所有相关的上市公司及其董事会都希望得到一个无保留意见的报告，因此，企业为了实现监管要求就不惜代价去遵循内控规范及其指引的要求。由于执行的时间紧迫，也没有适合内控建设的内部资源，很多企业选择了雇佣外部的顾问来给他们提出建议，同时尽可能地利用企业的内部资源。很显然，在如此短的时限之内要完成兼具复杂性和广泛性的内控体系，这势必对咨询师提出了极高的要求，而企业相应要付出的成本费用也上升了。另外，对于审计师的费用，也会因为时间问题而增长。财务执行官国际联合会（2006）通过调查发现，外包以及时间紧造成的审计和咨询费用的提高是造成第一年遵循成本较高的原因之一。如沈杰·安南（2008）所言，因为所有企业均赶着达到萨班斯法案实施的时间要求，他们所依赖的供应商无法同时满足大家的期望。因此，服务费用呈指数增长，有时甚至翻倍。

（三）专业人员不足造成人工费用的增加

在美国，在萨班斯法案404条款之前，公司虽有一套初具规模的内控体系，但是萨班斯法案404条款对内控各个层面有着复杂和广泛的要求，企业在人员配置方面并不能满足这些监管要求，因此公司面临着财务人员、IT人员和内部审计人员等人力资源严重不足。这时所产生的聘用、加班及培训新员工等投入都加大了公司的施行成本。据普华永道会计师事务所（2006）的调查，萨班斯法案404条款的执行成本中，内部和外部的执行成本比例大约为3:1，其中有56%的受访者表示员工培训费用是导致内部执行成本高昂的因素之一。内控人员的缺失也造成了外部咨询费用的增加，因为许多企业此类资源短缺，企业被迫依赖外包。由于市场竞争较以前更趋激烈，外包后的服务费用增加，公司所要承担的成本就更高了（沈杰·安南，2008）。

同时，在美国，使得员工称职而熟练地执行萨班斯法案404条款是有一定难度的——除了需要投入时间、进行培训外，大多数员工都不情愿无休止地执行萨班斯法案404条款。据35%参加财务总监杂志（CFO Magazine）调查的经理人反映，他们将花费10%的时间来遵守萨班斯法案404条款（Nyberg，2003），所以公司还需要给予其一定的薪酬激励来促进萨班斯法案 404 条款遵循工作的开展。① 有效的薪酬体系能够提高员工的工作满意度和对组织的归属感，促使员工主动提升自身价值，为实现企业目标和个人利益而努力工作。后萨班斯法案时代，企业为了吸引和保留人才，维持和促进雇员满意与敬业，需要更多地采用薪酬激励的方法。

（四）软件购置费用增加

由于伴随着萨班斯法案的强制遵循，要求企业需要向会计师事务所支付更高的审计费用，企业不得不考虑引入软件的应用来为流程"瘦身"，因为减少流程的数量可以直接降低遵循成本。2005 年末，英国商业与会计软件开发商协会（Business and Accounting Software Developer's Association，BASDA）和普华永道会计师事务所联合发布的一份研究信息技术对企业遵循萨班斯法案潜在影响的白皮书指出：英国企业在萨班斯法案的遵循压力下正迫切地希望利用信息技术来改善流程效率，从而降低不断上升的审计费用支出。购买软件公司预先集成的软件产品可以降低他们面临的风险，同时可以实现标准化应用，从而降低企业自行配置软件的成本（沈杰·安南，2008）。美国财务经理协会（2006）通过调查也发现，软件和信息系统的一次性投入也是造成第一年遵循成本高的主要原因之一。

（五）高管责任加大造成董事会运作费用和高管薪酬的增加

在美国，萨班斯法案中的条款如审计委员会成员的独立性、独

---

① 张砚文：《我国上市公司主动退市动机研究——基于中石油下属上市公司主动退市的案例分析》，北京工商大学硕士论文，2006 年，第 12 ~ 14 页。

立董事占董事会多数等均纳入了内部控制范畴，为此董事会结构以及运作的改变也大大增加了企业的支出，这些改变具体包括：①众多公司扩大董事会规模，新增独立董事，提高其比重，以满足独立性要求。2001年至2004年间，董事会平均规模增加了7%，扭转了萨班斯法案通过前董事会规模的下降趋势（James S. Linck，2005）。②董事会集会次数增加，2003年董事会经费比2001年攀升40%，董事会会议支出增幅为7%～15%（Thomas E. Hartman，2004）。③上市公司董事会人员变更频繁。董事离职意味公司支出增加，一方面离职董事往往和公司签订了"影子股票"合约，可在离职时得到补偿，另一方面又要支付新聘董事可观的股票期权。④独立董事对公司了解程度远低于公司管理层，缺乏进入公司财务信息系统的独立途径，后者必须求取足够的信息，这增加了提供信息成本。美国会计学者迪南·D. 卡本特等人（Dinan D. Carpenter）的研究也发现，独立董事在董事会的份额有所增加，而且发挥的重要性较之前要增加不少。由于内控规范的实施，造成董事会规模扩大，独立董事人数增加，董事会会议次数增加，向董事提交的信息增加，从而导致董事会运作的成本增加。萨班斯法案使得公司在招聘高级财务官员的时候面临困境——太高的风险让应聘者望而却步。在法律诉讼中，投资者阐述其寻求赔偿的因果关系时，往往可以将经营失败风险解释为：没有充分地揭示内部控制从而导致经营失败（Larry E. Ribstein，2002）。

为弥补董事的风险损失，这时公司不得不提高高管人员的薪酬激励程度，在一定程度上加大了公司的执行成本，这包括董事与高级职员责任保险和高管薪金。安然事件后，美国董事和管理人员责任险费率和投保支出明显增加就反映了该变化趋势（Christopher Oster，2002）。萨班斯法案增加了董事潜在诉讼风险，使董事和管理人员责任险费率上升 94.2% （Jolynne，2004）。在薪酬方面，萨班斯法案通过前后，小企业每千元收入中支付给独立董事的支出从 5.91 美元上升到 9.76 美元，大企业同一数据分别为 0.13 美元和 0.15 美元（James S. Linck，2005）。佛和拉德纳（Foley & Lardner，2005）近几年对近 150 家公司进一步进行调查的结果就显示，为了吸引和挽留公司高管，标普小市值公司、中型市值和前 500 家公司 2004 年付给公司高管的报酬分别增加了 17%、14% 和 13%。特别是在 2002 年萨班斯法案颁布初期，各项费用均有较大幅度的增加，2003 年这些费用仍有增长，但增速降低。同时，企业招募审计委员会的成员时，比较重视具备更高会计技能和公司治理才能的人才（慕容天，2005），这也进一步提高了董事会成员的薪酬水平。

（六）内控执行方法缺陷造成过于关注细节而产生高支出

在美国，企业在萨班斯法案 404 条款执行初期大多采取"从下而上"的界定方法来进行内控范围的界定。"从下而上"的界定方法以财务报表认定为参照，所有与财务报表认定相关的控制都要接受萨班斯法案 404 条款的审查实施。这种方法虽然把每个业务单元与财务列报相关的控制活动都考虑到，却缺少了对重点区域的关注，关键的控制没有体现，使得内部控制由于资源所限或多或少产生疏漏，有些控制并无法被执行却只是流于形式，反而让公司财务报告内部控制面临错失或造假的风险。正如查尔斯河联营公司的很多受访者都认为的一样，公司和外部审计师对控制的细节的测试导致成本过高。很多受访者表示，文件之多和附加的控制证据严重超负荷，调整花费了太多的时间关注证据而不是关注控制有没有有效的工作。[①]

由于缺少开展内控工作明确的方向性指引，再加上诸多公司对于内控的要求并没有完全把握，因此倾向于对整个内控的细枝末节都作出测试、记录和评估。许多公司以财务报表认定为参照，造成过多控制活动被划为审查范围，而这些控制活动的实施是兼具广泛性和复杂性的过程，需要耗费大量的内部以及外部的财力和人力资本，投入大量的时间和资源，这样，过于具体的内部控制造成了过高的成本支出。

（七）没有清晰的实务指南企业造成大量的重复或无必要工作

沈杰·安南（2008）认为，首次实施成本很高的原因之一是人们对萨班斯法案 404 条款的范围不够了解。这一条款刚刚发布时，许多企业及会计师事务所低估了他们必须做的事情的程度。结果是最初所做的计划和设计控制不够充分，导致了很多工作不得不重新做。美国财务管理协会（2007）也认为没有实务指南，不知道显著的控制不足与主要的控制缺陷到底有何不同；评估内控没有一个公允的标准或框架以及企业与事务所的二元选择意见或者是内控双重评价如何协调等问题都导致了遵循成本过高。美国财务经理协会（2006）通过调查发现，第一年遵循成本高的最主要原因在于：没有控制体系或者未妥善维护控制体系；对萨班斯法案 404 条款范围了解不够，计划/设计控制不充分，造成重复工作；控制所需的财务和时间计划不足，出现重新测试、改善和布点循环。正如查尔斯河联营公司（2007）所调查认为的，在标

---

① CRA，"International Sarbanes-Oxley Section 404 Costs and Implementation Issues"，Spring 2006 Survey Update，Apr. 17，2006：pp. 38～40.

准不清晰的时期，很多公司为了最终能达到法案的要求，投身于文件归档和测试工作，但是美国上市公司会计监管委员会的标准进一步提高了鉴证的要求，并为审计师规定了更为严格的标准，由于企业内控建设最终要通过事务所的审计，因此对于大多数公司而言，最终的美国公众公司会计监督委员会标准会导致公司对文件归档工作的重做和对初始测试水平的延伸扩大。

沈杰·安南（2008）建议，在实施萨班斯法案第二年，应当鼓励企业将建立控制点的注意力集中在已经存在风险的领域。但是很多企业目前并没用建立清晰的、有关如何确定风险基础的标准，这使得为实施财报内部控制而进行的测试大部分基于主观猜测。结果是企业浪费了大量时间和资源来测试一些不相关的流程，并且还会因为忽略了重要风险而损害整体效果。① 由于监管的重点在于财务报告内部控制，而财务报告内部控制的界定是整个内控体系或萨班斯法案404条款有效进行的基础，没有合理的范围界定，之后进行的所有记录、测试和评估等步骤都会在一个被误导的方向下开展，付出巨大代价的同时，实施效果自然也不好。因此，如何合理界定财务报告内部控制的范围是企业高效实施内控规范的基础。缺乏这些清晰的实务指南造成了企业在内控实施中对工作范围、重点的模糊，造成重复或不必要的工作，遵循成本也就会居高不下。

（八）文档和控制流程重新建立增加了支出

沈杰·安南（Shen Jie Annan，2008）认为，首次实施成本很

---

① ［美］沈杰·安南：《萨班斯—奥克斯利法案精要》，曾嵘译，中国时代经济出版社2008年版，第43~47页。

高的最重要原因是很多企业对现有的控制的维护不够充分。因为萨班斯法案提出的要求并不是匪夷所思的，但对那些缺乏控制体系或未妥善维护控制体系的企业来说，控制系统的文档及储存流程就需要更新或从头建立，对此企业必然要在第一年花费大量支出。

美国财务经理协会（2006）的调查发现，缺乏控制文档及储存流程是第一年遵循成本高的原因之一。普华永道会计师事务所2003 年 6 月对 136 家以美国为基地的跨国公司进行的调查研究发现，萨班斯法案 404 条款的执行成本中，内部和外部的执行成本比例大约为 3∶1，其中有 74％的受访者表示文件归档费用是导致内部执行成本高昂的因素之一。赖瑞·E. 李敦白和帕特丽夏·K. (Larry E. Rittenberg & Patricia K. Miller, 2005）也认为，很多初始遵循成本源自控制措施没有事先建立或者系统地建档。美国管理会计师协会（2007）通过问卷调查分析了首次执行的导致高额遵循成本的具体活动构成，结果发现，与补救相关的活动是支出最大的前四项活动之一，而员工培训和信息技术投资则在第一年较少。[①] 很多企业对现有的维护不够充分，这样把原来应该做的事项补上必然要花费得更多，再加上一些企业发现自己对修正控制所需的财务和时间计划不足，这些企业没有想到有些控制点可能需要测试、改善，然后重新测试不断循环，这造成了首次执行时遵循成本巨大（沈杰·安南，2008）。因此，与补救相关的活动是一些企业首年需要花费的重要支出。

内部控制活动涵盖企业运营各领域，控制记录要细化到产品

---

① 美国管理会计师协会（IMA）：《财务报告内部控制与风险管理》，张先治、袁克利译，东北财经大学出版社 2008 年版，第 105～109 页。

付款等细节，这样必然将引起整个企业控管流程的改变。沈杰·安南（Shen Jie Annan，2008）发现企业必须进行很多改革甚至完全用新系统取代现有系统才能实现文档管理、访问财务信息以及长期的信息储存要求，遵循及实施相关内部控制需要花费巨额的成本。查尔斯河联营公司的调查也表明，一些公司的第一年的高额执行成本是对其长期以来内部控制系统退化的逾期养护费用。在执行萨班斯法案404条款的前一两年，上市公司的工作主要是建立或完善原有内部控制系统，内部控制从"弱"到"强"，甚至是从"无"到"有"需要投入的成本自然比较多，并且这些成本大都是需要公司直接的资金投入（林妹，2008）。因此，控制流程的重新建立需要企业更多的支出。

（九）审计师工作量和责任的加大造成审计费用的增加

在美国，内部控制的审计费用在萨班斯法案404条款实施初期呈现了快速增长的趋势。佛和拉德纳（Foley & Lardner，2005）发现在萨班斯法案通过后的几年中，公司支付给外部审计公司的费用呈两位数增长，其中2004年更是增长了61%。美国财务经理协会2005年的调查也显示，上市公司支付给外部审计者的费用上升了58%，增加额平均为130万美元；2004年末其统计表明，普华永道、毕马威、安永、德勤等年度收费分别提高了134%、109%、96%、78%。在美国，上市公司审计费用在萨班斯法案404条款实施的初期达到了最高。[1] 多方面的因素造成了审计费率

---

[1] Financial Executives International，"Understanding Sarbanes-Oxley Section 404 the New Reports and What They Mean to You"，Dec.，2007，http：// www. prnewswire. com/cgi-bin /stories. pl？ACCT = 104&STORY =/www/story/07 –08 –2004/0004835593&EDATE.

的上涨。

首先，外部审计师工作量的增加。外部审计师在原来的财务报表审计之外，额外地增加了对内部控制的审计，也就相应地增加了对上市公司的审计收费。

其次，内部控制审计的时间压力。由于当时大量上市公司执行萨班斯法案404条款的最后期限都定在2004年末，短期内对外部审计师的需求急剧增加，相对于有限的供给来说，外部审计师"供不应求"。实施时间压力造成了服务费用，包括咨询费和审计费呈指数增长（沈杰·安南，2008）。

再次，外部审计师的风险和过度审计。内部控制审计需要外部审计师对缺陷造成后果的可能性和严重程度进行判断，增加了审计人员的风险。同时，美国财务管理协会（2007）认为，由于事务所对于合理性保证概念的保守估计，以及减少监管机构的事后批评而下意识地努力从客户那里得到绝对保证，这一点也助长了遵循成本中审计费的增加，审计师的过度审计是造成遵循成本较高的原因之一。

最后，审计师的培训。会计师事务所本身也需要对审计人员进行内部控制审计的培训。普华永道会计师事务所的调查发现，有56%企业的受访者表示员工培训费用是导致内部执行成本高昂的因素之一。会计师事务所所付出的员工培训费用也是引发遵循萨班斯法案所耗成本高昂的原因之一（Dennis Nally，2004）。

值得说明的是，在萨班斯法案之前，美国就有相关的法律要求上市公司保持充分的内部控制系统，在这种情况下为什么上市公司在执行萨班斯法案404条款的时候还要投入如此高昂的成本？难道上市公司认为执行萨班斯法案404条款所满足的是一种对于内部控制的"更高"要求？鉴于成本巨大问题，也许并不能完全把上市公司执行萨班斯法案 404 条款之后发生的所有成本都算在萨班斯法案 404 条款之上，其中的部分成本可能是企业之前应该付出而没有付出的（林姝，2008）。也就是说，首次遵循成本巨大的原因在于某些企业之前没有建立相应的内控体系，而这些又与萨班斯法案 404 条款的要求无直接关系，对于已经按照以前监管要求建立内控系统的企业，在实施初期则不需要花费更高的支出。

另外，在美国，萨班斯法案通过后，针对上市成本上升的抱怨，美国证券交易委员会的公司金融部主管艾伦·贝勒（Alan Beller，2005）认为，上市公司和中介机构倾向于夸大成本，一定程度上源于 CEO、CFO 情绪的发泄，也可能是一些企业所谓内控遵循成本在前些年居高不下的原因之一。

三、短期遵循成本曲线

（一）遵循成本构成部分与内控缺陷的短期关系

根据前面遵循成本的定义，遵循成本按照作用分为控制成本与损失成本。从不同的内控遵循活动导致遵循成本的发生的角度来看，按照遵循活动的有效性可将遵循相关的支出分为有效遵循支出和无效遵循支出，前者表现为了遵循而必要投入的支出，例如增加的人力成本支出、培训费、咨询费、评估费，其支出是事先可以计划的和控制的，故称为控制成本；而后者则表现为发生的损失性支出，例如缺陷补救、责任追查、外部法律诉讼等相关支出。根据遵循成本分类的论述，遵循成本由设计成本、实施成本、内部损失成本和外部损失成本四个部分组成，其中设计成本和实施成本属于控制成本；内部损失成本和外部损失成本属于控制失效成本。在遵循成本各项目之间存在相互影响、相互作用的关系。

1. 预防成本与内控缺陷的关系

根据我们在上章中的案例分析，在遵循成本构成中，虽然其四个组成部分的结构比例可能会因企业的不同而有所差异，但通常总存在着一定的规律性。现就控制成本中的设计成本、实施成本分别加以说明。

设计成本主要包括：内部员工需要投入时间参与的费用；购买软件和新技术以及安装费用和维护费用；新增部门以及招录人员所增加的费用；培训费用；咨询费用；形成大量的书面材料相应的内部控制制度所发生的费用；内控管理的日常事务（行政管理费）等。当对这些成本的支出增加时，企业对于内控的合格率就会相对降低，因此，设计成本和内控缺陷之间存在相反的关系。另外，仅就设计成本而言，在短期内，若企业满足所有的内控监管要求，那么就势必要在公司治理、人力资源、企业文化、风险评估、信息、技术、质量管理等各个方面进行较大的投资才能一次性地实现此目标，因此，可以认为，在短期内，若企业的内控缺陷率为零或全部合格，则设计成本趋向无穷大。

实施成本主要包括：确立控制环境而改变组织结构、分离职责、调整和培训员工等成本；实施控制活动所发生的设施、人工和管理费用、控制文档记录、增加的法律事务、财务部门和人力资源部门的工作量、与外部审计师频繁沟通带来的成本支出等等。当这些成本增加时，内控就会较全面地执行，执行缺陷就会减少，因此实施成本与内控缺陷之间存在相反的关系。

鉴定成本是为了确保内控体系符合监管要求而展开的测量、

评估或审核成本，包括自我评价成本和外部评估成本。企业需要定期或不定期地评价和报告内部控制以发现是否存在内控缺陷，同时注册会计师还对内部控制的有效性进行鉴证，发现缺陷并判断缺陷的类型。如缺陷较多势必会加大测试的工作量，同时，事务所会加大风险的溢价，为此，鉴定成本会随着缺陷的多少而呈正向变化。

在短期内企业可以投入较多的预防成本和鉴定成本来减少内控缺陷，但是控制成本支出与缺陷率之间所存在的替代关系仅是存在一定的限度内，在短期内若要实现零缺陷率目标，企业势必会进行巨额投资，超出企业自身的承受能力，这时控制成本会趋向无穷大。

笔者认为，短期内，控制成本（预防成本与鉴定成本）在开始时一般较低，当控制成本上升时，内控缺陷率就会降低，即内控缺陷会随着控制成本的减少而逐步上升；但当缺陷率要求达到一定水平后，若再要求进一步减少缺陷率，控制成本就会急剧上升。控制成本会随缺陷的减少呈现逐步上升的趋势。

2. 控制失效成本与内控缺陷的关系

控制损失成本是由于企业内控建设不符合监管要求而导致的成本，其包括内部损失成本和外部损失成本。现分别就内部损失成本、外部损失成本与时间的关系加以说明。

内部损失成本主要包括：检查、追究、处置、弥补等活动所花费的成本；风险发生且对组织内部造成了现实危害，对其进行处理、处罚、整治而支付的成本；事故处理费用（追究责任人、查找原因如开会、现场调查）等。当企业的内控缺陷率较高时，必然造成企业内部对缺陷补救、处置等费用的增加；反之，当内控缺陷率较低时，这些费用自然就可以较低。因此，可以认为，内部损失成本会随着内控缺陷率的增加而增加。

外部损失成本主要包括：因没有遵循内控规范而遭到诉讼所带来的成本以及上市公司毫不执行内控规范条款而被监管机构查处面临巨额现金处罚和严厉的行政处罚支出的成本；风险发生且对组织外部（包括对社会）造成了现实危害，对其进行处理、处罚、整治而支付的成本；投资者可能会因上市公司提供虚假财务报告而面临重大损失等。当企业内控缺陷率较低，基本上满足了监管要求，那么由此遭到起诉、处罚的可能性就低；反之，当内控缺陷率较高，由此遭到起诉和处罚以及其他相关损失也就较大。因此，可以认为，外部损失成本与内控缺陷率呈正向的关系，即内控缺陷率增加，企业的外部损失成本也会增加。

控制失效成本是由于企业内控不符合监管要求而导致的成本。笔者认为，其与内控缺陷的关系和控制成本正好相反。开始时由于内控缺陷率较低，损失成本较大，内控缺陷上升时，企业控制失效成本（内部损失成本和外部损失成本）就会由于大量内控缺陷的产生而损失增大；但随着内控缺陷率的降低，损失成本则会逐渐下降；当缺陷率达到一定水平后，尽管会大幅度增加实施费用和实施费用，但内控缺陷率的下降速度反而会逐渐减慢。即控制失效成本随着满足客户的时间要求的增加而下降。

（二）短期的遵循成本特征曲线

根据以上的分析，我们假设：

第一，遵循成本存在两个成本函数：控制成本函数 $C(x_1)$ 和控制失效成本函数 $C(x_2)$。

第二，当控制成本减少时，企业的内控缺陷率会随之增加，这时企业的控制失效成本（内部和外部损失成本之和）会随之而增加，即随着缺陷率的增加，控制成本呈现由高到低的上升趋势，而控制损失成本则呈现由低到高的上升趋势。

第三，总遵循成本函数 $C(x)$ 是控制成本函数 $C(x_1)$ 和控制失效成本函数的总和 $C(x_2)$，即 $C(x) = C(x_1) + C(x_2)$。两者的总成本则会呈现出由高到低，再由低到高的变化趋势。

在此，构建图3—1来揭示遵循成本的短期特征曲线。从图中我们可以看到，控制失效成本（内部和外部损失成本之和）的曲线，一般随缺陷的降低，呈现出由高到低的下降趋势；而控制成本（预防成本和鉴定成本之和）的曲线，则随缺陷的降低，呈现出由低到高的上升趋势。在图3—1中，企业采取预防和实施措施时增加时间控制成本，则表现为从右向左的控制成本曲线的上升趋势，相应的控制失效成本曲线呈下降趋势。

另外，控制成本和控制失效成本之间存在此消彼长的关系。随着控制成本的增加，控制失效成本将会减少，而总成本也呈现出先下降而后上升的趋势。只要控制失效成本的下降速度大于控制成本的增长速度，企业就应进一步加大控制成本的支出，即加

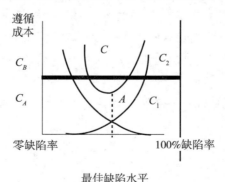

图3—1　短期遵循成本特征曲线

强对内控缺陷的预防和实施投入，减少缺陷，直到这种努力所需要的额外支出大于相应的控制损失成本减少额这一点为止，比如A点，则总的遵循成本已达到最低。当 $dC(X)/dX = 0$ 时，如图3—1，A点所示，在这点上遵循成本为最佳结构，遵循总成本最低。随着内控缺陷率提高到A点，总的控制成本也逐步下降。此后，任何进一步的内控质量改善都不应进行。

从图3—1可以看到，A点左边的区域，控制损失成本偏大而控制成本偏小，故应采取措施，加大投入，减少内控缺陷。A点右边的区域中开支成本的比重最大，此时应研究降低实施成本中过大的人力和物力投入，使实施成本降下来，从而使遵循成本总额趋近于最佳值。而在A点，控制失效成本的下降速度与控制成本的增长速度相等，总的控制成本最低。因此，在缺陷上就必然存在着一个理想点，那就是当缺陷率确定在这一点时，产品的遵循总成本最低，这就是所谓的"最佳遵循成本"决策问题。在此点左右，控制成本的任何增加都将超过控制失效成本的减少额。这一点就代表了总遵循成本的最低水平，它是控制成本和控制失效成本之间的最优均衡，并且界定了所谓的可接受缺陷水平。此点为最佳遵循成本水平，其对立的遵循成本即为最佳遵循成本。

四、短期成本特征曲线的实践含义

1. 当企业的生产经营等水平既定的条件下，如内控的设计、实施、评价以及可能造成的缺陷修补、诉讼、监管处罚等成本巨大时，超过自身的承受能力时，可能会选择不予遵循而选择退市。所以，当萨班斯法案404条款在美国要求上市公司实施时，一些上市公司由于执行萨班斯法案的巨大成本，选择了退市来表达不满和无奈。根据美国审计总署（GAO）的调查报告，执行萨班斯法案的成本，连同其他市场因素，可能促使一些上市公司选择退市，2003 年和 2004 年声称上市成本是其作出退市决策决定因素的退市公司数分别增至 143 家和 130 家。超过半数的退市公司在提到上市成本时都专门提到了萨班斯法案。执行萨班斯法案 404 条款的高昂成本也迫使不少原本打算赴美上市的海外公司纷纷转投其他金融市场。① 以我国为例，原本打算在美国上市的公司都悄悄改变了上市地的计划，转而向伦敦、中国香港等地寻求上市机会。2005 年在纽约证交所上市的我国企业只有无锡尚德一家，融资额不足 4 亿美元。而同年中国建设银行进行的高达 92 亿美元的 IPO 海外上市地点也不在美国。据国外的调查数据显示，2000 年外国公司在美国证券市场的 IPO 额度为 132 亿美元，占美国全部 IPO 额度 403 亿美元的 33%。2006 年外国公司在美国的股票发行量只有 52.4 亿美元，占美国全部 IPO 额度的 13%。在 25 家奔赴海外上市的全球大公司当中，只有 6 家选择了美国，而 2000 年这一数量为 22 家。② 如图 3—1 所示，企业的短期遵循成本最优点为 C_A，但是实际要满足监管要求所付出的成本为 C_B 时，企业会选择不予遵循该要求而选择退市。

对于内控建设这一制度遵循而言，即使从长期来看有助于约束并统一市场主体的行为选择，减少舞弊和欺诈，提高投资者的信息，建立安全的市场秩序，实现社会和谐、经济持续发

---

① 邱月华：《萨班斯—奥克斯利法案的成本与效益——SOX404 执行中面临的困境》，《财会通讯》2007 年第 1 期。

② 李心广：《萨法逼迫大量 IPO 避开美国市场　美投行收益剧增》，《证券时报》2006 年 10 月 31 日。

展，但是在遵循初期必须考虑短期成本问题。笔者认为，美国在萨班斯法案实施之时，诸多企业选择退市或在其他证券市场上市正是对内控遵循成本进行权衡后的结果。正如美国财务经理协会 2006 年对 274 家上市公司所做的后续调查所表明的，即使萨班斯法案 404 条款的遵循成本呈下降趋势，但仍有 85% 被调查公司执行萨班斯法案 404 条款所获得的效益不足以弥补其成本。零缺陷对于某些企业来说，并不是最优选择，也不是越少越好，否则会影响到企业的营利性，以至于在短期会影响到企业的生存和发展。

2. 在短期内，当企业的生产经营等水平既定的条件下，企业不能为了一味完全满足外部监管的需要，都满足于零缺陷的内控要求，应对内控遵循的经济性进行分析，考虑遵循成本的最优点，只需要满足一定的内控缺陷要求。否则就会因为企业盲目为了满足内控的所有要求而产生损失。正如诺思所言，一个具有长期巨大收益的决策行为，可能因为当期组织无法承受其巨大成本，导致组织最终崩溃。也就是说，组织的决策者在作出了长期降低成本的行为决策时，必须考虑决策导致短期成本，特别是利用组织的强制力进行的制度变迁，可能对当期组织是一场灾难（诺思，1981）。在美国实施萨班斯法案 404 条款时，诸多企业在第一年选择了保留一定的内控缺陷，笔者认为，也正是这个原因。查尔斯河联营公司在 2005 年对美国上市公司首年执行萨班斯法案 404 条款调查中搜集了公司在执行萨班斯法案 404 条款过程中所报告的所有控制缺陷，结果发现，样本公司在其年度中发现 34 个控制缺陷。这说明一些公司在遵循萨班斯法案 404 条款时没有完全遵循零缺陷的控制目标，而是保留了一定的缺陷数。同时，调查也发现，平均每个公司依然存在

74 个控制缺陷和 3 个重大缺陷待修补，在年末评估日以后再进行。[①]这说明需要弥补的缺陷所造成的内部损失成本很大，或者与之相关需要调整的控制成本巨大，造成了企业不可能弥补全部的内控缺陷，而是选择了保留一定的内控缺陷。

对于小公司而言，资源保留的缺陷数可能由于遵循成本较大，而保留的缺陷数在较大公司也较大。根据查尔斯河联营公司在2005 年的调查，对于小公司，内部控制实质性漏洞和重大不足的数目总数平均每家公司为 5.3；对于大公司，内部控制实质性漏洞和重大不足的数目总数由第一年的平均每家公司 5.0 个下降到第二年的 2.5 个。[②] 笔者认为，小公司可能成本敏感性更强，在选择缺陷率和遵循成本时，会更倾向于进行短期遵循成本的权衡。另外，从长期看来，企业会随着自身经营的变化，不断进行遵循成本最优的权衡，也会随之出现逐步改善的趋势。笔者认为，成本敏感性较强的小公司可能在进行短期遵循成本的权衡之后，会考虑自身的经营状况，在以后年度不断进行遵循成本的最佳权衡，逐步加大对会计基础制度方面的投资，增强会计控制能力，从而实现短期和长期遵循成本的最优。

3. 不同类型的企业最佳遵循成本会有所不同。不同的企业在管理咨询公司指导下，内部控制建设的程度相近，但执行力度却大不相同，有的公司为了应付要求，在文件上满足萨班斯法案 404 条款，却未采取实践性行动；而有的公司加强了内部控制，不仅为了

---

① CRA, "International Sarbanes-Oxley Section 404 Costs and Implementation Issues", Survey Update, Dec. 8, 2005: p. 23.

② CRA, "International Sarbanes-Oxley Section 404 Costs and Implementation Issues", Survey Update, Dec. 8, 2005: p. 17.

达到外部要求，更为了企业的管理水平的提高。由于萨班斯法案404条款执行力度的不同，各企业所耗费的成本也不同（张根明等，2008）。不同类型的企业在进行短期遵循成本最优选择时，由于其自身的生产经营条件、营利状况不同，其自身的遵循成本曲线也会不同，这时最佳遵循成本的最优点也会不同。正因为如此，不同规模、不同行业的公司其内空的遵循成本也有比较大的差异。上市公司因规模、运营机构和业务复杂程度的不同而会产生与之相应的遵循成本（于丹翎，2009）。

特别是，小公司规模效应较低，可以利用的资源更少，会面临着更大的平均成本和更低的平均收益。比如从大小型上市公司的对比可以发现，小型公司和大型公司的执行成本负担程度不一，小型公司相对负担过重。小型公司在获取特定资源方面比大型公司困难，小型公司的执行成本虽然没有大型公司的绝对值高，但是其成本所占的公司收入的比例比大型公司所预期的要很多，成本的负担要沉重得多。洛德和贝努瓦报告（Lord & Benoit，2007）收集的经验数据显示，执行萨班斯法案遵循成本的高低，与公司所处的行业有关，经营范围广的采购、销售系统复杂的制造行业成本最高，而雇员较少、营业收入较低、经营范围单一的生物技术行业的公司遵循成本最低。[①]

---

① Bob Benoit and Kristina Benoit Lord & Benoit Report，"Naicannual Financial Reporting Model Regulation"，*Journal of Business & Economics Research*，June，2007：pp. 1～42.

第四章　长期遵循成本分析

正如普华永道公司 2003 年 3 月至 2004 年 3 月有关萨班斯法案执行情况多次调查结果显示：绝大多数管理者认为执行萨班斯法案最初的成本还是可以接受的，86% 的调查者考虑系统化下一年度对内部控制执行过程，以降低成本。如何系统化处理内控以降低成本是管理者在第二年思考的问题。降低内控的执行成本，要正确认识长远利益和短期利益的平衡，不要仅仅着眼于付出的有形成本，还要着眼于未来的、潜在的收益，如良好企业文化的形成、完善公司治理制度的建立、业务流程的优化等等（姚刚，2008）。执行萨班斯法案 404 条款应该综合考虑短期与长期、货币成本与非货币收益之间的关系，并联系所处的背景和环境，不能简单地凭短期内的效果下结论（林妹，2008）。本章在对美国萨班斯法案 404 条款执行的后续成本情况进行回顾的基础上，分析了长期成本逐年下降的原因，并构建了内控遵循成本的长期曲线模型，以便利用遵循成本的长期特征对遵循成本的未来趋势进行分析。

一、长期遵循成本现状

《商业周刊》的文章指出，自萨班斯法案 404 条款 2005 年正式实施以来，一些遵循条款规定的公司惊奇地发现，执行内部控制的过程不仅可以确保公司财务报告的可靠性、防范欺诈行为发生，而且长期来看还可以帮助企业降低成本和提高生产率（肖莹莹，2005），诸多的调查机构也发现类似的结果。尽管萨班斯法案404条款耗资巨大，但诸多调查表明，这一成本会逐年递减。

（一）美国财务经理协会的调查结果

1. 2005 年与 2004 年的遵循成本对比。根据美国财务经理协会对公司 2005 财政年度执行成本的调查显示，2005 财政年度的执行成本为 380 万美元，比前一年下降了 16.3%。执行成本下降的原因在于：公司内部员工用于萨班斯法案的时间下降了 11.8%，平均每个公司需使用 22786 工时；咨询费用、软件费用等外部成本下降了 22%，审计师的鉴证费用下降了 13%。①

2. 2006 年与 2005 年成本对比。2007 年美国财务经理协会对 200 家平均收入为 68 亿美元的公司进行调查，其中 172 家为加速备案企业，结果显示，2006 年的遵循成本 290 万美元，比 2005 年下降 23%，比 2004 年下降 30%；平均工时为 18070 小时，比 2005 年下降 10%，其中平均外部工时 3382 小时（不含外部审计），比 2005 年下降 14%，平均审计费用 120 万美元，比 2005 年下降 0.8%，发现 2006 年平均执行成本为 290 万美元，比 2005 年又进一步下降了 23%（陈小林，2008）。调查还显示财务集中处

---

① Financial Executives International, "FEI Survey: Sarbanes-Oxley Compliance Costs Exceed Estimates", March, 2005, http://www. prnewswire. com/cgi-bin/ stories. pl? ACCT = 104&STORY =/www/story/04 - 03 - 2005/ 0007335523&EDATE.

理的企业集团执行成本要比各分部自行处理的企业集团的执行成本低，前者的平均执行成本为 170 万美元，后者的执行成本为 400 万美元，比前者高 58%。①

（二）查尔斯河联营公司的调查结果

查尔斯河联营公司受"四大"会计师事务所的委托，对其客户遵循萨班斯法案 404 条款的情况进行调查。查尔斯河联营公司随机从属于财富 1000 的"四大"客户中选出调查的样本公司。查尔斯河联营公司的 2004 年、2005 年、2006 年三次调查所采用的样本公司不完全相同，因此调查得出的成本数据存在着差异。据 2006 年发布的调查结果，市值在 7500 万至 7 亿美元之间的小型公司，第二年费用与第一年费用相比下降了 31%，其中第三方中介成本下降幅度达到 52%；市值在 7 亿美元以上的大型公司，第二年费用比第一年费用下降了 44%，其中第三方中介成本下降幅度达到 56%。在三次调查中，总的执行成本都呈现出下降的趋势，无论是预期还是第二年实际发生的执行成本都比第一年要少 30% 到 40%。这种下降的趋势来源于萨班斯法案 404 条款相关的审计费用和审计费用之外其他成本的减少，不过后者下降的速度要大于前者。此外，三次调查都表现出了对萨班斯法案 404 条款相关审计费用的关注：把总的执行成本分为萨班斯法案 404 条款相关的审计费用和审计费用之外的其他成本，并单独计算了萨班斯法

① FEI，"Survey on Sarhanes-Oxley Section 404 Implementation"，March，2005，March，2006，May，2007，http：//www. baidu. com/link？ url = a78b9 b30fc293c5e471ef23de092fddc99e9c5ce6808bde962cd828ce19848262c0ea1fd758aad9 137fa1ace6cffde1147a71d06b532c1bdb715f7ec171a4b51843271cec0f0ed88e12a.

案 404 条款相关审计费用占总执行成本的比例。根据三次调查，这个比例大都在三分之一左右。[①]

查尔斯河联营公司在 2006 年春季的调查中进一步将样本按照市值的水平分成两组，市值大于 7 亿美元的为大公司，市值 7500 万至 7 亿的为小公司。结果发现，较之第一年，小公司萨班斯法案 404 条款内部执行成本、审计费用、其他外部执行成本降幅都明显，分别为 15.2%、20.6% 和 51.8%；大公司萨班斯法案 404 条款内部执行成本、审计费用、其他外部执行成本下降幅度更大，分别为 47.9%、22.3% 和 56.1%。由于执行萨班斯法案有学习曲线效应，以及在内部控制等上面的支出存在"递延费用"的效果，据查尔斯河联营公司分析，后续年份的执行成本将会下降。[②]

（三）监督系统公司的调查结果

2007 年监督系统公司（Oversight Systems）第四次对萨班斯法案的影响进行调查研究，该调查从全美在线邀请了 168 位财务领导者，包括首席财务官、会计师事务所首席合伙人、其他高级管理人员、财务人员、副总裁、董事会成员和内部审计师等。当被问及 2006 年相对于 2005 年的执行成本的变化时，91% 认为较上年有所下降，9% 认为不变或更高；其中 60% 的人员认为，2006

---

① CRA, "International Sarbanes-Cxley Section 404 Costs and Implementation Issues ", Spring 2006 Survey Update, Apr. 17, 2006: p. 4.

CRA, "International Sarbanes-Oxley Section 404 Costs and Implementation Issues", Survey Update, Dec. 8, 2005: p. 13.

② CRA, "International Sarbanes-Oxley Section 404 Costs and Implementation Issues", Spring 2006 Survey Update, Apr. 17, 2006: p. 4.

年和 2005 年为第一年的 50%～100% 之间，可以看到大部分高管认为 2005 年和 2006 年的成本比其首年有所下降。[①]

（四）福利和拉德纳会计公司的调查

根据福利和拉德纳会计公司（Foley & Lardner）最近一次在 2007 年 8 月的调查，上市公司的上市费用在 2004 年之前呈现出明显增长的趋势，到 2004 年达到最大，这种增长大部分是与遵循萨班斯法案 404 条款相关的成本导致的。从 2004 年开始，上市费用就逐步地下降。然而应该看到，上市费用虽然呈现了下降的趋势，但是截至 2006 年，上市费用还是比遵循萨班斯法案之前多出许多：对于年收入小于和大于 10 亿美元的上市公司，2006 年的上市费用分别为遵循萨班斯法案之前的 171% 和 54%。此外，上市公司在首次执行萨班斯法案 404 条款之后经历的这种遵循成本的下降，是由于内部效率增加所带来的生产效率损失的减少。然而，与遵循萨班斯法案相关的付现成本仍然保持增长的趋势。[②]

（五）首席审计官的调查结果

首席审计官对萨班斯法案 404 条款的后期执行成本进行了预期，认为后三年成本将会有大幅度的降低。他们认为，很多初始成本源自控制措施没有事先建立或者系统地建档，但是随后该过

---

① Oversight Systems, "The 2006 Oversight Systems Financial Executive Report on Sanbanes-Oxley", 2006, http://www.oversightsystems.com/pdf/OS_ CaseStudyF200.pdf.

② Foley & Larden LLP, "The Cost of Being Public Oxley", August, 2007, http://papers.ssrn.com/sol3/papers.cfm?abstract_ id=1147138.

程将会更加系统化，企业会充分将美国反虚假财务报告委员会赞助委员会内部控制——概念框架中的有关信息、交流和监控的概念贯彻的话，这样公司的效率就会显著提高。①

（六）赖瑞·E. 李敦白和帕特丽夏·K. 米勒的调查

赖瑞·E. 李敦白和帕特丽夏·K. 米勒（Larry E. Rittenberg & Patricia K. Miller，2005）对企业执行萨班斯法案404条款所取得的收益进行的调查研究显示：受方者都认为成本在来年将大幅度下降，当被问及第二年成本下降的幅度时，有43%的受访者表示第二年的成本将至少降低50%，有54%的受访者觉得成本降低40%是可以实现的，当被问及第三年、第四年的法案执行成本时，下降的幅度相比增加，超过一半的受访者认为成本还能再降低20%，而超过75%的受访者认为在第四年末成本可能再降低10%。也有人对未来表示仍存在担忧，如果管理高层不对法案保持积极态度，那么没有人能对未来的收益予以保证。如果管理当局选择自己的"测试人员"来重复内部审计人员的工作，那么就会导致不必要的成本浪费。另外，控制的更新对企业来说也意味着持续的挑战。② 同时，四大会计事务所受托发布的一份报告显示，对于部分公司来说，与萨班斯法案404条款有关的遵循成本有望大幅下降。"四大"在2005年给美国证券交易委员会秘书的信中提到，萨班斯法案404条款的总遵循成本对于部分"财富

① 吴益兵：《美国上市公司内部控制制度的执行——基于萨班斯法案404条款的执行成本和收益分析》，2009年11月4日，见 http://mpaccforum.blog.163.com/blog/static/10089 1053200910431819183/。

② Rittenberg L. E., Miller P. K., "Sarbanes-Oxley Section 404 Work：Looking at the Benefits", *Journal of Finance*, 2005, 13：pp. 16～24.

1000 强"的公司来说降幅可能达 46% 之多。[①]

（七）审计费用的变化

1. 查尔斯河联营公司的调查对于上市公司审计费用的关注同样可以从它在 2006 年 6 月进行的第三次调查中看出来。与前两次相比，这次又增加了对总的审计费用及其构成的调查。结果显示，在执行萨班斯法案 404 条款的两年间，对于小规模公司，萨班斯法案 404 条款相关审计费用减少了 20.6%，但是总的审计费用仅仅减少了 3.9%，其他审计费用 12.80% 的增幅部分抵消了萨班斯法案 404 条款相关审计费用减少的影响；大规模公司这种现象更加明显，萨班斯法案 404 条款相关审计费用减少了 22.3%，而其他审计费用增加了 14.9%，使得总的审计费用反而增加了 0.2%。[②]

查尔斯河联营公司的 2006 年度春季调查显示，尽管萨班斯法案 404 条款的审计费用和总执行成本显著下降，总的审计费用相对下降的幅度却小得多。目标公司的内部审计和聘请独立第三方（不包括和萨班斯法案 404 条款有关的审计费用）的费用总和构成了总的执行成本的另外 67%。由于大型公司和萨班斯法案 404 条款执行有关的外部审计费用下降了 22.3%，抵消了财务报表审计的费用的增长，所以审计委托书所报告的综合的审计费用（包括其他审计服务）第一年和第二年基本持平。和萨班斯法案 404 条

---

① 邓晖：《SOX404 遵循成本第二年下降 40%》，2009 年 10 月，见 http:// news. esnai. com/33/ 2006/0106/ 22040. Shtml。

② CRA，"International Sarbanes-Oxley Section 404 Costs and Implementation Issues"，Spring 2006 Survey Update，Apr. 17, 2006；pp. 24 ~ 25.

款总执行成本不同的是，和萨班斯法案 404 条款执行相关的外部审计费的下降（包括在总的萨班斯法案 404 条款的执行成本和审计委托书中的总的审计费用中）被和萨班斯法案 404 条款的执行无关的审计费用的上升所抵消了。所以审计委托书中显示的总的审计费用下降的幅度相对要和缓得多。[①]"四大"认为其他审计费用的增加来源于多方面的原因：萨班斯法案 404 条款之外的一些新的规定要求进行额外的审计程序；对于会计人员需求的增加导致了人工薪水的增加；与独立监督系统相关的额外成本等。[②]

2. 佛与拉伦律师事务所（Foley & Laren LLP）从 2003～2007 年，针对萨班斯法案的执行情况一共进行了五次调查研究。2007 年 8 月的研究发现，从 2001～2006 年，上市公司的审计费用始终保持增长的趋势。不过，由于 2002 年萨班斯法案开始生效，在 2005 年之前，审计费用的增长较快；由于大部分美国本土的上市公司在 2004 年要开始执行萨班斯法案 404 条款，由审计师对内部控制进行审计，所以在 2004 年，审计费用的增长率达到了 67%；在 2005 年和 2006 年，审计费用的增长变缓，分别增加了 3% 和 5%。值得注意的是，虽然审计费用的年度增长变得相对比较平缓，但是与执行萨班斯法案之前相比，审计费用还是增加了 208%。[③]

上述调查结果显示，遵循成本只在第一年最高，一年之后会

---

① CRA,"International Sarbanes-Oxley Section 404 Costs and Implementation Issues ",Spring 2006 Survey Update,Apr. 17,2006:pp. 28～30.

② 邓晖:《SOX404 遵循成本第二年下降40%》,2009年10月,见 http://news. esnai. com/33/ 2006/0 06/ 22040. Shtml。

③ Foley & Larden LLP, "The Cost of Being Public Oxley", August, 2007, http://papers. ssrn. com/sol3/papers. cfn?abstract_ id =1147138.

大幅减少。然而也有调查表明，绝大多数公司在这两年内的遵循成本并无显著下降，并且有些成本每年都要发生。

1. 人工成本持续上涨。美国财务经理协会就萨班斯法案 404 条款的执行成本做了四次调查，调查显示的执行成本不断攀升，由于执行萨班斯法案 404 条款而新增的单位公司的人工成本，第二、第三、第四次调查分别认为是 193.5 万、314.3 万和 435.6 万美元。[①]

2. 执行成本持续走高。根据普华永道公司 2003 年 3 月至 2004 年 3 月对法案执行情况的多次调查显示，对预期执行成本的估计持续走高，认为内部控制执行成本增加幅度偏高的比例也一直在提高，有 86% 的公司考虑将下一年度的内部控制执行过程系统化，以降低成本。[②]

3. 付现成本保持增长。根据佛与拉伦律师事务所（Foley & Laren LLP）2007 年的研究，上市公司在首次执行萨班斯法案 404 条款之后经历的这种遵循成本的下降，是由于内部效率增加所带来的生产效率损失的减少。然而，与遵循萨班斯法案相关的付现成本仍然保持增长的趋势。这种增长主要来源于审计费用、董事报酬和法律费用的增加（董事责任保险、审计费用、法律费用、董事报酬、其他萨班斯法案成本和公司治理建立成本被称为付现成本）。根据佛与拉伦律师事务所的研究，对于上市公司来说，吸引和留住合格董事的代价变得越来越高。从 2001 年到 2006 年，

① 黄京菁：《美国 SOA404 条款执行成本引发争议的评述》，《会计研究》2005 年第 9 期。
② 黄京菁：《美国 SOA404 条款执行成本引发争议的评述》，《会计研究》2005 年第 9 期。

董事相关的费用一直保持稳定的增长。对于不同规模的公司，2006 年的董事相关的费用分别比 2005 年的增长了 70%、98% 和 93%，佛与拉伦律师事务所认为，要求上市公司把股票期权费用化影响了大多数公司的决策而不再授予董事期权，从而导致现金形式的董事报酬的增加。①

4. 审计费用下降较少。国际财务执行官协会在 2007 年 5 月对萨班斯法案 404 条款执行成本调查指出，2006 年上市公司萨班斯法案 404 条款的执行成本相对于 2005 年度大约下降 23%。萨班斯法案 404 条款执行成本中下降的部分主要是非审计费用，而审计费用只下降 0.8%。②而查尔斯河联营公司在 2006 年对于受调查的企业，尽管审计费用的总数基本平滑或者仅仅略微有所下降，总的萨班斯法案 404 条款的执行成本却有了大幅度的下降（包括内部审计费、第三方的独立审计费和萨班斯法案 404 条款规定的特殊审计费）——小公司下降了 30.7%，大公司下降了 43.9%。③

5. 2005 年 3 月，监督系统公司（Oversight Systems）对 212 家美国的财务专业人士开展了调查研究，在执行萨班斯法案 404 条款的第二年，财务执行官报告萨班斯法案的执行降低了舞弊的风

---

① Foley & Larden LLP, "The Cost of Being Public Oxley", August, 2007, http：//papers. ssrn. com/sol3/papers. cfm? abstract_ id = 1147138.
林妹：《美国执行 SOX404 条款的经济后果与在美上市中国公司执行结果的分析与启示》，厦门大学硕士学位论文，2008 年，第 12 ~ 15 页。
② 吴益兵：《美国上市公司内部控制制度的执行——基于萨班斯法案 404 条款的执行成本和收益分析》，2009 年 11 月 4 日，见 http：//mpaccforum. blog. 163. com /blog/static/ 10089 1053200910431819183/。
③ 林妹：《美国执行 SOX404 条款的经济后果与在美上市中国公司执行结果的分析与启示》，厦门大学硕士学位论文，2008 年，第 12 ~ 15 页。

险，减低了错误的发生频率并改进了财务运作。但是，2005 年度的执行成本平均为 1600 万美元，比 2004 年度的执行成本上涨了 77%。另外，2006 年监督系统公司对美国的 261 家公司的财务执行官进行的调查研究显示：就整个萨班斯法案的执行成本来看，第二年的执行成本比大多数的财务执行官预期的要高得多，尽管有 42% 的受访者预期第二年的执行成本比第一年的执行成本的一半还要低，实际上，只有 19% 的公司将执行成本控制到这样的程度。①

二、长期遵循成本下降原因分析

据上各种调查，一般而言，从 2004 年开始，多数上市公司开始执行萨班斯法案 404 条款，到 2006 年已有三年时间。在这三年里，上市公司的执行成本经历了一个先升后降的过程。在 2004 年即执行萨班斯法案 404 条款的第一年，执行成本达到最高。从 2005 年开始，执行成本就表现出一定程度的下降。如美国证券交易委员会的公司金融部主管艾伦·贝勒（Alan L. Beller, 2005）认为，上市成本会在第一年中相对较高，以后各年将减少。这种看法我们也可在福利和拉德纳会计公司（Foley& Lardner, 2005）调查的数据中得到证明，比如各项内控遵循的费用在 2002 年和 2003 年增长，但到了 2004 年之后，一些成本都有很大幅度的下降。长期遵循成本下降的原因在于各种方面，对不同企业来说，下降的原因也可能不尽相同。

---

① 徐臻真：《萨班斯—奥克斯莱法案 404 条款执行成本与收益分析及对策研究》，厦门大学硕士论文，2007 年，第 43 页。

（一）学习曲线效应

经济学认为，企业的长期平均生产成本不仅来自于规模效应，而且还因为工人和管理者在长期生产过程中学习和积累了新的技术知识和生产经验，提高了操作技能，获得了更多改进工作的技巧。经济学将企业累积产量与单位产品生产成本之间的关系曲线称为"学习曲线"。"学习曲线"效应是指单位产品生产成本随累积产量的增加而不断下降。在质量管理中，也存在学习曲线效应。因为随着时间的推移、产品（包括合格品与不合格品）累积数量的增加，管理者和工人不断改进工作质量，消除造成不合格品的原因，使得质量水平可以在控制成本不增加反而减少的情况下得到提高。随着企业越来越熟悉控制流程，更有系统性，因此能够减少对财务和人力资源的需求，内控实施也更有效率（沈杰·安南，2008）。

与之类似，执行萨班斯法案的员工如果所具备的会计和审计知识不够，对于一些基本的控制和会计工作的概念不熟悉，就必然面临学习的需要，因此法案执行的初期正处于学习曲线的初始阶段，学习投入的成本构成法案执行的首要成本。在以后年度，由于学习曲线的作用，随着熟练度的增加，公司内部员工在内部控制记录、测试和执行方面的工作更加有效率，这时内控执行的各项支出也会随之降低。

诸多研究和调查都证明了执行萨班斯法案中所存在的学习效应。比如科琳和库宁（Colleen & Cunning，2005）与绮丽儿和威尔（Cheryl & Will，2007）的研究表明，学习曲线使得企业去总结已经学习到的东西以及识别每年评价过程的方法，从而有助于提高评价效率和降低成本，他们认为学习曲线是降低内控遵循成本的主要原因。根据查尔斯河联营公司的 2006 年春季调查，排在首位的内控遵循成本降低原因是：目标公司因为学习曲线的作用，在执行和评估内部控制上的效率提高导致控制的成本降低。根据查尔斯河联营公司的分析，由于执行萨班斯法案有学习曲线效应，以及在内部控制等上面的支出存在"递延费用"的效果，后续年份的执行成本将会下降，2005 年的执行总成本（含审计费用）会比 2004 年降 46%，而 2005 年是萨班斯法案 404 条款执行的第二年，也是学习效应曲线中效率提高的阶段。另外，对于外部审计师而言，也会因为学习效应的存在，在随后年度逐渐有了足够的经验，在严格控制审计风险的基础上就不再需要使用过多的审计程序，能够为客户节省审计费用（张馨艺，2006）。因此，学习效应使得企业执行萨班斯法案和审计师执行内控审计的效率大大提高，成本也会随之降低。

（二）一次性启动成本的降低

上市公司在第一年投入的成本相当一部分是一次性的"启动成本"，这些成本随后年度就不会再发生或发生很少。

内控框架建立所发生的支出。沈杰·安南（2008）认为，对现有系统的维护不够充分是成本很高的最主要原因，随后的 5 年内持续遵循会逐渐下降。因为企业在实施内控体系后，已经建立了一套有效的框架和强劲的基础以维护这一成果，随后年度，维护过程不需要如首次实施那样建立这么多控制点，更改这么多流程及活动，这些支出在以后年度不会发生较多。①

---

① ［美］沈杰·安南：《萨班斯—奥克斯利法案精要》，曾嵘译，中国时代经济出版社 2008 年版，第 110～111 页。

维护流程文件的成本。美国管理会计师协会（2008）通过问卷调查发现，第二年各项萨班斯法案遵循成本都得到了下降，其中设计和维护流程文件所导致的成本下降比例最大，并进一步分析了原因，即维护流程文件的成本并不像第一次设计它那么昂贵，因为一些公司已经支付了大量一次性支出，把他们的核心财务报告内部控制流程文件更新为最新版本，结果第二年的成本就会大幅度降低。而完善公司规章文件，设计和维护流程文件则是一次性的支出。[①]

前期培训费的较大支出。在萨班斯法案的执行过程中，许多员工对一些基本的控制和会计工作的概念尚不熟悉，所具备的会计和审计知识远远不够。所以萨班斯法案执行初期，培训学习的成本是首年高成本的主要驱动因素之一。如前所述，普华永道会计师事务所的调查发现，有 56% 的企业受访者表示员工培训费用是导致内部执行成本高昂的因素之一。会计师事务所所付出的员工培训费用也是引发萨班斯法案所耗成本高昂的原因之一（Dennis Nally，2004）。随着时间的推移，许多资料档案、培训等无须重复的成本在未来将不再发生，所以成本会不断下降。安永会计师事务所（Ernst & Young，2005）进一步认为以 IT 为基础的开支和培训有助于长期的成本节约。

文件归档所发生的成本。查尔斯河联营公司 2006 年度春季调查的结果也显示：随后年度排在前两位的萨班斯法案遵循成本降低的动因是文件归档成本的降低，26% 的小公司的审计师和 32% 的大公司审计师认为这是成本降低的最重要的原因。根据查尔斯

---

① 美国管理会计师协会（IMA）：《财务报告内部控制与风险管理》，张先治、袁克利译，东北财经大学出版社 2008 年版，第 153～157 页。

河联营公司的调查，在 2005 年，萨班斯法案 404 条款执行的第二年无须再重复第一年的文件归档工作。

除了完善或建立公司规章文件、有关业务流程、培训等一次性支出外，外部咨询费以及购置相关软件所耗费支出也会在以后年度不再大规模地重复发生。因此，对于上市公司而言，随着上市公司实施内控经验的深入，他们不再需要在首次执行花费大量的时间和金钱用于内部流程规范和再造、员工的培训和外部咨询服务，我们也有理由相信成本会随之降低（张馨艺，2006）。

（三）企业和审计师工作方式的改变

在萨班斯法案实施初期，相关的标准和指导意见没有明确造成企业执行成本的加大。在美国内部控制审计准则第 2 号直至 2004 年 6 月才出台，比萨班斯法案几乎晚了两年。到 2007 年 6 月，美国证券交易委员会和美国上市公司会计监管委员会的相关指导意见和解释还陆续不断地出台。法案遵循之初，萨班斯法案 404 条款只是规定了管理层和外部独立审计师的责任，至于如何完成这个任务却毫无标准可以参考。公司不得不开始按照美国反虚假财务报告委员会赞助委员会内部控制概念框架下的广泛定义来确定并报告基于财务报告的内部控制。而美国反虚假财务报告委员会赞助委员会对内部控制的定义出台在萨班斯法案颁布之前，且适应于不同企业规模、业务类型和发展阶段的内部控制，内部控制的变化形式又多种多样，如何判断某一具体环境下的内部控制有效性，公司缺少相应的指导意见和执行指南。

同时，新的监管部门美国公众公司会计监督委员会为审计师对管理当局的内部控制报告进行鉴证的审计标准也迟迟未出台，为了保持独立，审计师很难为他们的客户提供关于多少文件量才算充足，什么算是充分的内部控制，什么样的例外事项构成一项内部控制的"实质性漏洞"等等问题提供相关指导。在标准不清晰的时期，很多公司为了最终能达到法案的要求，投身于文件的归档和测试当中去，这造成内控起初的实施成本巨大。

因此，在萨班斯法案 404 条款执行的初期，由于没有建立清晰的、有关如何确定风险基础的标准，这就意味着企业为实施内控而进行的设计和测试大部分基于主观猜测，结果是企业浪费了大量时间和资源来测试一些不相关的流程，并且还会因为忽略了重要风险而损害整体效果（沈杰·安南，2008）。

为落实萨班斯法案 404 条款，美国证券交易委员会先后颁布了《最终规则》（*The Final Rule*）、《小公司萨班斯法案 404 条款执行指南》，公众公司会计监督委员会也陆续发布了审计准则第 1 号到第 5 号，美国反虚假财务报告委员会赞助委员会发布了《小型上市公司内部控制报告指南》。这些规则和指南各有侧重、相互补充，具有很强的实际指导意义，减少了企业执行过程中的疑惑，提高了执行的效率，于是执行成本也就下降。

查尔斯河联营公司调查结果显示，工作方式的改变是执行成本不断下降的另一主要原因。随着执行标准不断出台，使得执行有规可依，工作方式也发生了较大的变化，从而降低了企业执行成本。特别是，越来越多的企业在实施内控时采取自上而下的方法，这样做能够让企业的实施过程更加有效，也更容易控制成本。另外，审计师采取自上而下、基于风险的评价方法，这样也会减少对不必要的控制评价的时间，由此降低相应审计成本（沈杰·安南，2008）。全球 360 公司（2007）的调查也表明，2006 年的遵循成本较 2005 年已经降低了一半，其原因在于公司和事务所更大程度地着重于主要控制和风险评估，而不是进行细节测试；更多地采用自动化控制，因为这可以减少人工成本，释放人们去更有效率为其他任务工作以及可以大大减少测试时间和数量。同时，美国公众公司会计监督委员会会计准则第 5 号的采用使得后来实施萨班斯法案 404 条款的公司可能不同于早期公司的成本曲线。他们能够减少刚开始时大公司的时间和花费。为此，美国证券交易委员会的主席科伦·坎宁安（Collen Cunningham）建议，当公司已经领会了萨班斯法案的总体精神以后，就会努力降低公司的复杂程度，包括合理化、标准化和简单化组织结构、公司流程和信息技术。无益的复杂程度增加了无效率的控制，而这些复杂性增加了公司的底线成本并且增加了财务信息中的错报，通过降低复杂性，公司就可以降低风险，提高效率，增强股东的信任度，并能降低成本。[①]

（四）对外部依赖的减少

在萨班斯法案 404 条款执行初期，鉴于时间的压力，公司花费了大量的咨询费用聘请服务公司，包括"四大"会计师事务所、律师事务所等来理解法案的要求。同时，由于执行时间的紧迫、没有多余的内部资源，很多组织选择了雇佣外部的顾问和承包方来出谋献策以延展内部资源。随着对审计和会计等咨询需求的加大，雇佣的成本也随之涨升。随着时限的不断延后，以及工作的上手，许多外部工作内部化，对内部审计的依赖大大提高，这样对外部咨询机构的依赖大大减少，也就减少了首次执行时的大额咨询费用支出。查尔斯河联营公司的调查结果也显示：大型

---

① 美国管理会计师协会（IMA）：《财务报告内部控制与风险管理》，张先治、袁克利译，东北财经大学出版社 2008 年版，第 125～129 页。

公司和小型公司的排在第三位的成本降低的动因是目标公司利用外部组织的准备工作也有所降低。目标公司第二年对外部组织的准备工作的依赖程度降低。13％的小公司的审计师和8％的大公司的审计师认为这是成本降低的最重要的原因。[①]

（五）测试的关键控制点减少

内控实施之后的年度，企业不再需要如首次实施时那样建立那么多控制点，更改那么多流程及活动（沈杰·安南，2008）。帕特里克（Patrick，2006）认为需要测试的控制数量是一个基本的成本动因，由于需要测试的数量不断减少，从第二年开始，这会促使遵循成本也减少，即不断提高的控制水平也会导致遵循成本的不断降低。[②]

根据查尔斯河联营公司的研究结果，第二年执行成本下降的主要原因之一是关键控制测试的数量的下降，测试内部控制的效率得到提高。查尔斯河联营公司在2006年和2005年的调查表明，无论是大公司还是小公司关键控制测试的数量连续三年都持续下降，根据2005年的调查结果，对于小公司而言，关键控制测试的数量下降了21％以上——从第一年的平均262个降到第二年的平均206个，大型公司的关键控制测试的数量下降了19％以上——从第一年的平均669个降到第二年的平均540个。小型公司的审计师表示：他们相对于第一年对他人工作的信任程度也有所上

---

① CRA，"International Sarbanes-Oxley Section 404 Costs and Implementation Issues"，Spring 2006 Survey Update，Apr. 17，2006：p. 11.

② Patrick O'Brien，"Reducing SOX Section 404 Compliance Costs Via a Top-Down，Risk-Based Approach"，*The CPA Journal*，August，2006：pp. 36~39.

升——就审计证据而言，从第一年的 11% 信任度上升到第二年的 22% 信任度，而小型公司的这一数字从第一年的 15% 信任度上升到第二年的 25% 信任度。查尔斯河联营公司在 2006 年春季的调查也发现了类似的现象。第二年的遵循不同于第一年，因为公司可以能够更好地理解法律的要求以及流程缺陷之所在，这样就可以集中于实施萨班斯法案的遵循过程和关键控制点，从而有助于成本的降低。第二年的遵循不同于第一年，因为公司和审计师都能够更好地理解法律的要求以及流程缺陷之所在，这样就可以集中于实施萨班斯法案的遵循过程和关键控制点，从而有助于成本的降低。同时，由于在首年的测试中，已经有许多关键控制点得到改善，无须再次测试。测试的关键控制点减少，成本也随之下降。需要测试的控制点减少降低了企业和审计师的测试成本，也就降低了相应的成本支出。①

全球头号科技市场调查及咨询公司噶特纳（Gartner, 2007）认为，在以后年度形成控制点、数据搜集和提高报告的时间正在减少，这些都会造成成本的减少。科瑞兹闹和辛尼特（Craziano & Sinnett, 2007）也认为，成本的降低获利于学习曲线、测试和审计方法的改进，特别是，以前是每个控制点都需要测试和审计，现在只是关键控制点，另外重点从流程控制向整体控制偏移，这样可以减少关键控制测试的数量。

（六）需要弥补的缺陷减少

上市公司在第一年发生的部分成本是用来弥补内部控制缺陷，

---

① CRA,"International Sarbanes-Oxley Section 404 Costs and Implementation Issues",Spring 2006 Survey Update, Apr. 17, 2006; p. 12.

而随着内部控制的改进，在以后年度需要弥补的缺陷将逐渐减少，从而节省这一部分成本。查尔斯河联营公司 2006 年春季的调查显示：目标公司的内部控制实质性漏洞和重大不足的数目会在第二年骤减，这是由于目标公司基于财务报告的内部控制有所改进的表现。调查表明：对于小公司，内部控制实质性漏洞和重大不足的数目总数由第一年的平均每家公司 5.3 个下降到了第二年的平均每家公司 1.3 个，减幅为 75.5%，减少量为平均每家公司 4 个；对于大公司，内部控制实质性漏洞和重大不足的数目总数由第一年的平均每家公司 5.0 个下降到了第二年的平均每家公司 2.5 个，减幅为 50%，减少量为平均每家公司 2.5 个。虽然萨班斯法案 404 条款的遵循成本每年都会发生，但遵循的第一年是代价最高的，其中包括对关键缺陷的补救，一年过后缺陷数量和遵循成本会大幅度减少。威廉（Willian，2006）认为，缺陷数减少、学习曲线、减少雇佣外部人员的需求等都会促使遵循成本的降低。

（七）审计费用的减少

在美国，与萨班斯法案 404 条款相关的审计费用也经历了先升后降或稳定的变化过程。如前所述，企业的审计费用在 2004 年达到最高。而从 2004 年到 2005 年，与萨班斯法案 404 条款相关的审计费用开始下降；从 2005 年到 2006 年，下降幅度变小，甚至基本不变。但是，与此同时，美国财务经理协会（2007）等诸多调查也发现，审计费历年来变化较小。沈杰·安南（Shen Jie Annan，2008）认为，审计费变化不大的原因在于：第一，在强制企业提供内控信息的情况下，一般都会制定相关的惩罚规定。CPA 对应的风险就会增加，作为补偿，风险溢价也会持续反映在审计收费之中。第二，内控审计需要招聘熟悉企业管理、信息系统的新雇员或进行专门的培训。第三，执行专门的程序，遵循特定规范并发表审计意见，其工作量超过单纯的财务审计，按时索费的 CPA 收费自然会增加。[①]对于审计费居高不下的原因，美国财务管理协会（2007）认为，由于事务所对于合理性保证概念的保守估计，以及减少监管机构的事后批评而下意识地努力从客户那里得到绝对保证，这一点也助长了遵循成本中审计费的增加。同时，审计师的过度审计也是造成审计费用减少较少的原因之一。[②]

（八）内控评估的成本降低

在第一年对内控进行了评估和报告之后，许多公司在第二年重复评估过程中，可能会节约一定的成本，因为管理层会重新开始这个记录控制、设计充分性、测试有效性以及弥补缺陷等过程，更新文件记录，重复上一年评估的所有要件。另外，许多企业通过关注已经存在的监督活动，或者只需追加少量努力，管理层就能够识别自上年以来财务报告系统的重大变化，从而深入了解需要更详细测试的领域。因此，提高监督的效率，特别是关注已经存在的监督程序，识别上一年度以来所发生的重要变化，比如计算机化的会计程序、控制环境、较高层级实施的控制活动等方面的变化，管理层就可以对这些领域进行更详细的测试（美国反虚假财务报告委员会赞助委员会，2006），这样也就大大减少了内控

---

① ［美］沈杰·安南：《萨班斯—奥克斯利法案精要》，曾嵘译，中国时代经济出版社 2008 年版，第 78～83 页。

② FEI, "Survey on Sarhanes-Oxley Section 404 Implementation", March, 2005, March, 2006, May, 2007, http：//www. baidu. com/link? url = a78b9b30fc293c5e471ef23de092fddc99e9c5ce6808bde962cd828ce19848262c0ea1fd758aad9137fa1ace6cffde1147a71d06b532c1bdb715f7ec171a4b51843271cec0f0ed88e12a.

评估的成本。

（九） 内外审计的协调

美国财务管理协会（2007）认为，没有实务指南，不知道显著的控制不足与主要的控制缺陷到底有何不同；评估内控没有一个公认的标准或框架以及企业与事务所的二元选择意见或者是内控双重评价如何协调等问题都会导致遵循成本高。内部审计的协调难度以及对内控测试、缺陷类型的意见不一致都会造成企业和外部审计师双方在内控实施时投入的加大，也会因此增加双方的成本支出。随着技术规范指引的明确，以及外部审计师对企业自评结果利用程度的加大，内控双重评价的协调难度逐步减少，企业和审计师相应的不必要的重复支出也就减少。

根据查尔斯河联营公司 2005 年秋季调查，遵循成本的绝对值降低得益于一部分的审计费用的降低。因为外部独立审计在测试内部控制和取得审计资料时利用了他人如公司管理层、内部审计师、咨询顾问等方面的工作成果。

同时，为了增加内外审的协调，管理层从控制成本的角度考虑，应当对美国内部控制审计准则第 5 号予以一定程度的关注，因为该文件对外部审计师审查和评估管理层的评估过程进行了解释，管理层可以通过提高测试的可信度至最高水平、通过使得外部审计师对管理层的测试予以最大化的方式来降低费用（徐臻真，2007）。

（十） 软件或其他信息技术手段的运用

IT 对实施萨班斯法案的作用非常关键。有些软件带有内置的应用程序，可以提高运行和处理结果的一致性，自动进行调节，便于及时将例外事项报请管理层审核，并且支持恰当的职责分离。

因此可以减少监督和职责分离的成本。同时，信息系统的应用控制一旦被判定为有效，在正常情况下就不需要在以后的时间对这些控制进行直接测试，因为公司若每年都判定其信息技术一般控制是有效的，管理层就可以确信应用控制得到了恰当的设计、测试和执行，并且有效地运行（迈克尔·拉莫斯，2007）。[①]

另外，现在很多软件能够帮助企业判断特定账户是否落在萨班斯法案要求的范围之内。这些新软件通过判断一个具体账户可能对资产负债表的潜在影响，确定了实施萨班斯法案的范围，这些软件帮助企业减少测试范围，降低费用，从而控制成本，并持续地提高测试效率。采取软件或其他技术手段还能够减少控制点，提高测试效率，因此能够帮助企业降低实施的成本。

因此，信息技术和软件等其他技术手段的运用，提高了测试效率，这不仅有助于企业建立更佳的风险控制，还能帮助企业以能够接受的财务支出水平并实现对萨班斯法案的遵循。另外，美国管理会计师协会（2007）的调查发现，在第二年或第三年会导致成本上升的领域是新工具和信息技术投资，因为在后续年度公司更可能考虑是萨班斯法案过程自动化和成本最优化，也就是说，很多公司在应付完第一年的内控遵循后，会在以后年度运用软件或企业技术手段，这会造成运用当年成本支出的加大，随后年度则由于效率的提高，成本出现降低。无论怎样，对软件或企业技术手段的运用会降低随后年度的内控遵循成本。[②]

---

① ［美］迈克尔·拉莫斯：《如何遵循 SOX404 条款——评估内部控制的效果》，李海风译，中国时代经济出版社 2007 年版，第 116 页。

② 美国管理会计师协会（IMA）：《财务报告内部控制与风险管理》，张先治、袁克利译，东北财经大学出版社 2008 年版，第 123～129 页。

三、长期遵循成本曲线

美国财务经理协会（2007）人为，由于第一年企业会不计成本极力满足萨班斯法案的要求，而随后几年管理层会努力减少遵循成本。因此许多公司会在第二年和第三年考虑执行过程的自动化和成本最优化问题。美国财务经理协会进一步发现，大多数公司目前还没有开发出一个最小化遵循成本的计划。如果当公司能够在第一次就正确地做事时，第二年、第三年的遵循成本就会比第一年减少30%～40%。反之，如果仅仅简单地将第一年的支出界定为简单的、暂时的加以解决，那么这些公司随后年度会留下大量的工作去做（Silicon.com）。而成本优化的一个前提就是要研究不同的成本支出所具有的不同成本特性以及这些成本之间的相互作用关系，即成本特征曲线。

长期成本特征曲线则用来说明目前从长期来看如何投资于不同类别的遵循成本，以实现遵循成本的持续降低和最优组合的实现。其可以用来理论上解释一些调研机构所发现某些公司遵循成本逐年下降的现象。而目前诸多机构的调研报告对于遵循成本降低的原因分析大多是从经验和访谈调研中总结出来的，没有从理论上解释和分析遵循成本长期发展趋势的根本原因，也就不利于从根本上分析遵循成本长期发展趋势的根本原因。比如哈茂森瑞等（Bhamornsiri，2009）认为，在审计费和内部遵循成本之间应当存在相反的关系，因为越多的支出花费在内控系统上，审计师的风险也会越低，而花费在这些系统上的付出也会相应较少。而这个问题与遵循成本分类和成本特性又是紧密相关的。

（一）遵循成本的长期特征

目前对于遵循成本的研究只是按照成本支出的对象将其划分为内部支出、外部支出和审计费三类，没有进一步研究不同的成本支出所具有的不同成本特性。比如，某些成本支出（如咨询费）只是一次性的，在以后年度不会发生或者发生较少；某些成本（如信息技术运用和培训的加强）在第一年会造成某些成本的一次性上升，在第二年会有助于整个遵循成本的下降；有些成本（正常的维护成本）降低也会有一个最低的限度；还有些成本支出（如新设的部门和新增人员的工资支出）会保持不变；有些成本还会造成成本的持续增加（如审计委员会开会次数增多）等。按照成本动因来分析遵循成本有助于探讨其内在关系，也有助于分析遵循成本降低的途径。

内控建设是一种强制的制度安排，这种制度安排同样存在报酬递增和自我强化的机制。存在一种内在的机制可使制度变迁一旦走上了某条路径，其既定方向会在以后的发展中得到自我强化决定制度变迁的轨迹有两个，收益递增和不完全市场，后者通过交易成本得到说明，随着收益递增和市场的不完全性增强，制度变得非常重要，自行强化的机制就会起作用（诺思，1981）。这种机制使制度的长期执行成本会随着逐步推行而减低，这包括：①设计一项制度需要大量的初始设置成本，但随着这项制度的推行，单位成本和追加成本都会下降。②学习效应，适应制度而产生的组织会抓住制度框架所提供的获利机会。制度变迁的速度是学习速度的函数，但变迁的方向却取决于不同知识的预期回报率。行动个体所具有的思维模式形成了其对回报率的预期。③协调效应，通过适应制度而产生的组织与其他组织缔约，以及具有互利性的组织的产生与对制度的进一步投资，实现协调效应，更为重要的是，一项正式规则的产生将导致其他正式规则和一系列非正式规则的产生，以补偿和协调这项正式规则发挥作用。④适应性预期，随着以特定制度为基础的契约盛行，这项制度持久下去的不确定性减少。①

本书拟针对遵循成本的不同构成，借鉴制度质量成本以及制度成本等相关理论来探讨不同成本构成的成本长期特性，进而探究遵循成本和内控缺陷之间的长期关系。

1. 设计成本的长期特征

在短期的分析中，设计成本会随内控缺陷的减少而增加。我们知道，设计成本往往是与改变企业的内控成本动因相联系的，如改变企业的人员素质、质量管理水平、信息交流系统等因素，这些因素的改善会从根本上使总的遵循成本下降。从长期的角度来看，预防成本中的很多费用投入都会产生增值效应。

我们知道，如果内控设计不合理，就可能造成内控实施的不可行或者实施难度加大，这样在内控的实施过程中就要花费很大的投入，如流程设计过多或者过于关注细节，而没有科学合理地针对重要流程的重要环节进行设计。减少流程的数量可以直接降低遵循成本（英国商业与会计软件开发商协会，2005）。② 这个时候，聘请较好的咨询公司、加大给员工的培训、设计时与各级员工的充分讨论等投入，就可以避免实施过程中过大的人力和各种

---

① ［美］诺思：《经济史中的结构与变迁》，陈郁等译，上海人民出版社1981年版，第53～59页。

② 邓晖：《英国：SOX法案推动软件支出上升》，《中国会计视野》2005年10月12日。

资源投入。因此，设计成本的加大会促使实施成本的降低也因此而减少了损失成本的支出。这也与质量成本管理、环境成本管理等诸多成本管理中的"预防总是花费更少"的原理相吻合（汉森和莫文，2002；王跃堂和赵子夜，2003；B. Curtin and Louis Hoyt，1998）。因此，预防成本的投入除了降低损失成本外还可以降低实施成本。

设计成本除了降低损失成本外，还可以减少鉴定成本。比如设计成本中的信息技术投资，如富迪网络公司的成本管理专家指出，大部分上市公司并没有足够的时间、内部资源和专家来满足萨班斯法案的复杂要求，仅仅为了达到萨班斯法案的初始人执行要求（Initial Compliance），上市公司需要耗时 12000 到 35000 小时，如果没有信息技术更新，达到萨班斯法案的主要遵循要求（Maintain Compliance）会远高于这个数字（陈小林，2008）。另外，2005 年年末，英国商业与会计软件开发商协会和普华永道会计师事务所联合发布的一份研究信息技术对企业遵循萨班斯法案潜在影响的白皮书指出：英国企业在萨班斯法案的遵循压力下正迫切地希望利用信息技术来改善流程效率，从而降低不断上升的审计费用支出。由于伴随着萨班斯法案的强制遵循，要求企业需要向会计师事务所支付更高的审计费用，企业不得不考虑引入软件的应用来为流程"瘦身"，因为减少流程的数量可以直接降低遵循成本（英国商业与会计软件开发商协会，2005）。

另外，设计成本中的一些投入可同时降低预防成本自身的支出、实施成本和损失成本等各种遵循成本。如人员培训虽然在本期会使预防成本增加，但以后随着员工各方面素质的提高不仅可以以较少的人力投入获得执行的顺畅化，公司的效率也会显著提高（首席审计官协会，2006），还可以大大减少人为因素造成的缺陷等问题，从而同时减少损矢成本和实施成本的支出，并且还可预防非人为因素缺陷问题的出现，从而使设计成本自身也呈现下降趋势。

2. 实施成本的长期特征

在短期的分析中，实施成本随内控缺陷的减少而增加。但是从长期来看，随着时间的推移、内控实施次数的增加，工人和管理者在长期生产过程中学习和积累了新的技术知识和生产经验，提高了操作技能，获得了更多改进内控工作的技巧，从而在实施过程中不断改进内控工作，使得内控缺陷水平可以在实施成本不增加反而减少的情况下得到提高。笔者认为，在内控管理中也存在学习效应，即单位遵循成本随内控措施实施次数的增加而不断下降。进一步地讲，人员素质特别是内控管理水平的提高也会对在内控实施中及时发现并解决问题，避免缺陷起着重要作用。信息技术设备的实施也会在减少缺陷率的同时，减少后续的投入。因此，从长期来看，实施成本也会随着学习效应、人员内控管理和信息技术水平的提高等条件的改善而呈现下降趋势。随着企业越来越熟悉控制流程，更有系统性，因此能够减少对财务和人力资源的需求，内控实施也更有效率（沈杰·安南，2008）。科琳和库宁（Colleen & Cunning, 2005）也认为，学习曲线使得我们去总结已经学习到的东西以及识别每年评价过程的方法，从而有助于提高评价效率和降低成本。绮丽儿和威尔（Cheryl & Will, 2007）认为学习曲线是降低成本的主要原因。另外，认为培训、流程化过程、自动化控制、实施自上而下基于分析概念的方法（去确定范围和测试策略）都会对企业的投资回报率有较大的影响。

3. 鉴定成本的长期特征

内控自我评价发生的费用包括评价控制程序、审计部门工作量的加大等引发的成本。当企业自我放松评价后，内部鉴定成本可能很少，但将造成在外审时被发现大量的缺陷，就会为此而对外披露，从而引起显著的外部损失成本，就导致内控遵循总成本的上升。反之，如果在企业内部严格评价，增加鉴定成本，从而可能使内部损失成本的增加，外部损失成本减少，使得遵循总成本的降低。当内控得到科学设计和有效执行时，鉴定成本通常会降低。内控评价可以帮助管理人员发现缺陷问题的所在，从而可以立即采取措施解决存在的问题，保证内控能够持续得到改善，从而减少内控缺陷问题带来的成本。因此，内部鉴定成本随着缺陷率的减少而呈上升趋势。

在每年会计年度结束时，企业还需额外聘请外部审计人员对内部控制的有效性进行鉴证，出具审计报告。当企业缺陷率较高时，外部会计师就不会花费较多时间和工作去测试，只需要找出几个重大缺陷即可发表恰当的审计意见；另外，企业花费较少内部评价支出时，企业内控自我评价的工作不会被外部审计师所利用，这时外部独立审计师不得不重新测试、评估管理当局已经完成的工作。当内部审计人员的能力较强、工作安排科学合理时，会考虑将在验证企业内审一部分作业的基础上，考虑将其作为审计证据利用，把管理层的评价结果作为评价证据加以利用，也就不需要验证管理层的评价方法是否恰当，这时外部评价成本也会降低。也就是说，内控自我评价成本高，则外部评价费用就会低；反之，内控自我评价成本低，外部评价费用就会高，两者之间存在一定的替代关系。在实务中，很多企业也正在通过雇佣项目经理和测试人员来降低成本，因为外部审计师的费用是组成的总费用中的一大部分（徐臻真，2007）。有些公司利用其他的内部员工来执行管理层的测试，再由内部审计师们来复审一遍从而达到适当的水平。审计师对他们工作的利用程度取决于他人完成工作的能力和客观性，能力越强、独立客观程度越高，审计师越是可以利用其工作成果。管理层的内控评价人员应该具备一定的专业知识、能力、资质和经验，安排更有能力的人对评价工作进行复核以实现质量保证，可以考虑在某些重要风险领域取得专家的肯定和支持（徐臻真，2007）。因此，内部评价成本高，可以在一定程度上减少外部评价成本。因此，当缺陷率较低时，企业内部评价会投入较高的人力和资源去发现潜在的缺陷，同时，外部评价成本也会随之增加。

从长远看，随着设计成本的增加，实施成本和损失成本以及本身预防成本的支出会减少，这时的控制成本曲线不像短期内的随着内控缺陷的减少无限增大，而是逐步变得平缓，并最后呈现下降趋势。当内控缺陷为零时，由于企业本身较高的内控管理能力，这时预防成本就会达到最低，只需保持在一定的水平，不需要继续增加预防成本的投入。因此，笔者认为，随着内控质量的上升，开始阶段为了提高和保证产品控制成本呈上升趋势，但是当内控水平达到一定的水平后，此项费用不会继续增长，而是开始下降，当合格品率趋向100%时，产品的控制成本最低，而不应是无穷大。

4. 控制失效成本与缺陷率关系

控制失效成本包括外部失效成本和内部失效成本。内部失效成本主要是由于发现控制缺陷而实施的检查、追究、处置、弥补等活动所花费的成本，对其进行处理、处罚、整治而支付的成本，以及导致的直接或间接的经济损失等。内部和外部失效成本随内控缺陷率的提高，即当内控缺陷率越高时，内部损失成本会越高；当内控缺陷率越低时，外部损失成本也越低。在知识经济时代，内部损失成本将大大增加。因为人员费用会越来越高，特别是在高科技产业中，技术人员的工资是最主要的人员费用，如果将宝贵的人力、时间投入到一些不增值活动中，企业将面临一条迅速提升的内部故障成本曲线，即内部损失成本曲线将随缺陷率的增加而迅速变陡。

外部损失成本也会随着缺陷率的提高而增加，特别是在目前国际严格监管条件下，只有实现内控零缺陷的企业，才能够实现较低融资成本，避免巨额的诉讼成本，以及获得投资者的信任，这使得任何对于内控缺陷所造成的损失也会随之加大，这迫使企业要对控制失效成本进行内部化，即追求更高的内控合格率，降低风险，其理想境界是无内控缺陷。反之，随着企业内控水平的提高，损失成本也会逐渐下降，可能最后接近于零。

当内控缺陷为零时，预防成本不为零，还需要发生正常的内控支出。内控遵循所增加的成本有一次性的，也有持续性的（于丹翎，2009）。一次性的费用如独立董事的聘请费用或律师费，以及与建立和完善内部控制、重新梳理企业流程、建立相关文件记录等工作相关的支出；持续性的费用如上市公司在以后年度进行内部控制测试、评价的相关成本（林妹，2008），以及新增的审计委员会费用或独立董事的律师费。一些一次性成本会在随后年度不再发生或很少发生，正如查尔斯河联营公司（2005）调查所表明的，上市公司在执行萨班斯法案404条款的前一两年，投入的成本大部分是一次性的"启动"成本，而在以后年度该成本不会再重复发生。2005年7月，普华永道对萨班斯法案404条款的执行成本进行预期，后三年成本将会有大幅度的降低，因为很多初始成本源自控制措施没有事先建立或者系统的建档。因此，执行成本将会有较大幅度的减少。而持续性的成本因为学习效应、执行顺畅化等而也逐步降低，最后只需要维护在一定的程度上即可，这些成本支出包括承担的文档记录、评价发生的费用以及聘请独立董事和律师等。

综上所述，笔者认为，控制成本（预防成本和鉴定成本之和）随内控质量的提高也并不是无限制地增加，控制成本可能是先增后减。企业实施内控建设，一开始必然会增加设计成本和实施成本，然后损失成本降低的迹象就显露出来了，缺陷纠正成本就会降低，再后企业随着人员素质的提高、学习效应的显现等使得实施成本也逐步下降，并且随着企业内控管理水平的提高预防成本也不需持续地投入而会呈现下降趋势，这样，总的控制成本可能先增后减，并最后只是维持在一定的日常开支的正常水平上。同时，损失成本会随着企业人工成本的高额性，企业竞争的加剧，以及外部严格的监管条件，损失成本的理想状态应为零，即随着缺陷率的减少，损失成本也随之减少，最后可能接近于零。

（二）长期的遵循成本特征曲线

根据以上的讨论，我们假设：

第一，控制成本曲线起初会随着内控缺陷的减少而增加，随后由于预防成本、实施成本以及评价成本的增值特性逐步表现出来，控制成本会呈现出逐步下降的趋势，并最后只是维持在日常的正常开支水平，其可用图4—1来表示。

第二，控制失效成本曲线会随着缺陷的减少而呈现逐步下降的趋势，最后可降至为零，而在缺陷率较高时，控制失效成本会趋向无穷大。

第三，长期的遵循成本特征曲线是控制成本和控制失效成本所组成。我们可以用图4—1来表示长期的遵循成本特性曲线。

长期的遵循成本特性曲线应如图4—1所示。其中，C_1 曲线表示控制成本，C_2 曲线表示控制失效成本，C 曲线表示遵循成本总额。

从图4—1中可以看出，一方面，随着内控缺陷率的降低，控制失效成本会从较高的水平逐渐下降，直至满足了所有监管要求需求而最后降至为零缺陷；另一方面，控制成本起初会随着缺陷率的降低而增加，一开始由于企业采取了加大培训、引入新信息技术等方法，必然会增加一些控制成本和实施成本（如增加较多的人力和物力），但是随着预防成本的增值效应和实施成本的学习效应等作用的逐步展现出来，控制成本会呈现出逐步下降的趋势。

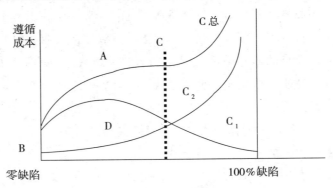

图4—1　长期内部控制遵循成本曲线

对于总的遵循成本而言，假定企业起初不断增加控制成本，其改进内控质量，降低失效成本的效果最好，则整个遵循成本会随着内控的改进而呈现降低的趋势。但是随着缺陷的减少，减少同样的缺陷需要的物资投入会越来越大，即控制成本的边际成本越来越大，这时在遵循成本到达第一个拐点 A 后，总遵循成本会暂时上升。但是随着控制成本学习效应等好处逐渐显露，控制成本开始降低，在改进单位缺陷所花费的成本和所获得的好处相等的 C 点，即控制成本曲线的边际成本和控制失效成本的边际成本再度相等时，遵循成本曲线又开始下降，直至获得了第二个拐点 C。在 C 点之后，整个遵循成本随着缺陷率的增加而逐步下降，直至 B 点达到最低。此时，缺陷率为零，控制失效成本为零，遵循成本与控制成本相等。

长期遵循成本特征曲线的本质是，若企业增加了控制成本并降低了控制失效成本，而随后控制成本（预防和实施成本）也能够得到削减。本书的分析发现类似于质量成本零缺陷模型和环境成本零缺陷模型。最初看来，各类成本之间好像存在此消彼长的关系，而长期看来，一旦获得了这些能力，企业的成本可以实现永久的降低。

（三）长期遵循成本特征曲线的实践含义

遵循长期成本特征曲线告诉我们，一方面，大幅度降低遵循总成本是可能的；另一方面，在零缺陷点处是遵循成本最小的位置，因此零缺陷应是企业进行内控管理所追求的目标。在内控刚建立开始，公司往往直接投入文件的归档、评估内部控制或者修补其控制上的漏洞等工作。这些工作，虽然是萨班斯法案 404 条款所必需的，但是却不应当是第一步，应该后退一步，静观其变——对将要进行的工作做一番展望和悉心的计划部署才是可取的（德勤，2004）。现有调查表明，萨班斯法案 404 条款的合规成本超出人们预期的原因有很多，有管理当局方面的原因，也有审计师方面的原因。美国管理会计师协会（2007）通过问卷调查分析了首次执行的导致高额遵循成本的具体活动构成，结果发现，员工培训和信息技术在第一年投资得较少。沈杰·安南（Shen Jie Annan，2008）认为，很多企业对现有的维护不够充分，这样把原来应该做的事项补上必然要花费得更多，而一些企业发现自己对修正控制所需的财务和时间计划不足，因为这些企业没有想到有些控制点可能需要测试、改善，然后重新测试不断循环，这造成了首次执行时成本较大（沈杰·安南，2008）。在大部分情况下，高成本归因于以前年度的计划不足或控制维护不足（沈杰·安南，2008）。笔者认为，这些计划部署就是从长期角度来考虑内控体系的执行问题。在此过程中，可以采用以下的策略来降低遵循成本：

（1）由于外部监管的加强以及投资者对内控的重视，任何重大缺陷就会带来巨大的损失成本，这时企业应直接针对控制损失成本，尝试将其直接将为零。

（2）由于预防成本的增值效应，企业应投资于"正确"的预防成本比如培训，即投资于适合企业自身行业和状况的支出，以持续地降低实施成本和控制失效成本。

（3）企业善于在内控执行的实践中提高员工的自身素质和积累经验，来降低实施成本和鉴定成本。

长期遵循成本特征曲线的基本主张是，在目前的竞争条件下，由于重大缺陷的存在所造成的损失成本很大，因此有必要将内控缺陷降为零，而控制成本会随着缺陷的减少出现下降趋势，从而可以说实现零缺陷符合成本收益原则。它意味着损失成本为零，在此前提下控制预防成本和实施成本，促使企业不断寻求加强规范管理和降低遵循成本的方法。笔者认为，这个前提就是通过对预防成本和实施成本的正确投资以及正确实施内控评价工作来实现的。

长期成本特征曲线告诉我们，在进行内控建设时，要有长远的时间观念。目前的多投入一份，特别是预防成本的投入，将来就会在实施成本和损失成本方面减少更多的投入，并且由于缺陷减少而带来的高信誉，这也将在以后长期为企业带来收益。

同时，遵循成本的控制重点在预防，在产品遵循成本形成的初期对影响内控缺陷的一些因素加以改进，往往只需要较小的投入就可获得较大的内控改进并可避免巨大的损失。所以企业应将内控改进的重点放在产品实施前的对企业的信息、文化、组织结构、人员素质等进行改造之中，积极采取适合自身的技术和方法，企业无须追加太多的预防支出，就可使损失成本维持在极低的水准，遵循成本则减至最低。正如德勤会计师事务所 2004 年 4 月的第一份调查研究报告《萨班斯法案——通向优秀的桥梁》中就如何降低成本、改进控制流程中所认为的：对萨班斯法案 404 条款的执行不是"一次性"的，因为对内部控制的测试、监控、鉴证要求是季度和年度性的，公司必须持续长期地执行。为了达到持续的遵循性目标，公司应该建立高效的有利于遵循的基础设施，从而保证可重复的、可靠的活动开展。这些基础设施包括治理结构、组织结构、信息技术、员工培训等基础性投资。降低内控的执行成本，一方面要从内部控制标准、审计标准的可操作性和合理性上做文章，降低直接成本；另一方面，要正确认识长远利益和短期利益的平衡。不要仅仅着眼于付出的有形成本，还要着眼于未来的、潜在的收益，如良好企业文化的形成、完善公司治理制度的建立、业务流程的优化等等（姚刚，2008）。[1]

---

[1]　姚刚：《萨班斯法案 404 条款实施的跟踪研究》，《中国注册会计师》2008 年第 2 期。

四、长期成本曲线和短期成本曲线的对比

从长期动态的角度来观察内控遵循成本，长期遵循成本特征与短期成本曲线的有以下几点不同：

1. 从基本观点上来看，长期的成本特征曲线认为，低缺陷水平必然是低成本的。因为随着规范化管理，特别是完善的内控体系越来越成为投资者关注的重点，是上市公司生存的关键，也是企业降低损失支出和控制支出的主要手段，重大内控缺陷必然导致企业较大的损失。而从短期来看，当遵循成本水平超过所谓的最佳缺陷水平后，再进一步减少缺陷率就得多支出，这样企业的总遵循成本支出就会加大。所以，当达到最佳缺陷水平后，内控改进活动就得停止。

2. 从具体内容上来看，长期成本特征曲线认为，控制成本并非无限制地增加，随着接近零缺陷状态，可能是先增后减；应努力把控制失效成本变为零。而短期成本特征曲线认为，控制成本会随着内控要求的提高而趋向于不断增加，并允许一定的控制失效成本存在。

3. 从成本特征产生的原理上来看，长期成本特征曲线认为，当企业不断增加控制成本时，损失成本会随之降低，当各种内控管理成效逐渐显露出来后，可进一步降低控制成本，此时，控制成本和故障成本的关系不再表现为此消彼长，二者可同时减少。而短期成本特征曲线认为，控制成本和控制失效成本之间存在此消彼长的关系，关键是找到两者相等的均衡点，即为遵循成本的最佳点。

4. 从实现途径来看，长期成本曲线表明，由于重大缺陷的存

在所产生的损失很大，所以应直接针对损失成本，将其降为零；同时注重内控环境建设、选聘专业人士、引进信息技术等，使控制成本能够在后期实现其增值效应；提高员工的自身素质和积累经验，降低实施成本等来实现遵循成本的持续降低。而短期成本曲线则只是在损失成本和控制成本之间进行权衡来决定短期的遵循成本最低。

与短期的成本特征曲线相比，长期的成本特征曲线观点考虑与分析问题更全面，具有明显的现实意义。

本书认为，短期的遵循成本特征曲线强调在控制成本和控制失效成本之间进行权衡来达到短期的遵循成本最低水平；而长期遵循成本特征曲线强调控制成本，特别是应投资于恰当的技术和方法上，在减少缺陷水平的同时还有助于实施成本和损失成本的持续降低，从而降低了总的遵循成本。虽然长期遵循成本曲线和短期遵循成本曲线之间有诸多不同点，但笔者认为，两者并不矛盾，一个是在企业既定的生产经营技术、管理水平、人员素质的条件下，企业对内控缺陷和成本的一种短期的静态的选择行为；另一个是从长期的角度在企业生产经营的技术、管理水平和人员素质等都是可变情况下的一种动态选择行为。本书中所提出的遵循成本特征只是一个理论概念，由于资料的可获得性问题，对于预防成本、实施成本、鉴定成本和损失成本的特征也只是通过理论和现有的案例分析所推断出的，没有进行具体量化的分析和证实。同时，本书也未给出遵循成本特征曲线的具体数学表达形式以及遵循成本构成的可参考比例。笔者认为，遵循成本的特征曲线和它们之间的比例关系可能会在不同行业、不同企业之间存在很大差别，企业可通过自己的内控实际，不断积累数据，建立自己的遵循成本定量模型和探求构成之间的适当比例。同时，笔者认为，在遵循成本的构成各项目之间存在一定的相互影响、相互作用关系，仍有呈现出一定的规律性，而本书对这种规律性进行了理论上的初步探讨。

　　内控遵循成本短期和长期特征可为企业优化遵循成本途径提供理论依据。降低内控遵循成本，一方面要从内部控制标准、审计标准的可操作性和合理性上做文章，降低直接成本。另一方面要正确认识长远利益和短期利益的平衡，不要仅仅着眼于付出的有形成本，还要着眼于未来的、潜在的收益，如良好企业文化的形成、完善公司治理制度的建立、业务流程的优化等等（姚刚，2008）。因此，本书在对内控遵循成本短期和长期特征曲线进行研究的基础上，将进一步对优化内控遵循成本的途径进行分析。

第五章　遵循成本减少途径研究

公众公司会计监察委员会（PCAOB）主席唐纳德森（Donald-son）承认，遵循萨班斯法案 404 条款是一个耗时和昂贵的过程。即使对于那些已经拥有良好内部控制系统的企业来说，将内部控制系统记录下来并将其与基准内部控制框架相对照也是一个令人生畏的工作。对于小企业而言，这是一个复杂的工程。对于那些拥有大量生产线、成千上万员工和在全球拥有众多分支机构的大公司而言，工作量更是呈几何倍数增长。而一个完善的内控体系，必须达到合适的付出收益比，如果不进行详细的筹划，进行资源的合理配置，就会给企业带来沉重的负担，严重的还会影响到企业发展的后劲。

企业有必要在内部控制实施前，对内部控制可能发生的成本提前进行筹划，从成本收益原则出发，在保证内部控制效果的前提下，最大限度地降低成本。现有调查表明，萨班斯法案 404 条款的合规成本超出人们预期的原因有很多，有管理当局方面的原因，也有审计师方面的原因。在大部分情况下，高成本归因于以前年度的计划不足或控制维护不足（沈杰·安南，2008）。如果公司能够在第一次就正确地做事时，第二年、第三年的遵循成本就会比第一年减少 30%～40%。反之，如果仅仅简单地将第一年的支出界定为简单的、暂时的加以解决，那么这些公司随后年度就会留下大量的工作去做（Silicon，2008）。全球头号科技市场调查及咨询公司噶特纳（Gartner，2007）进一步认为采取积极主动的管理方法将在最后证明其对企业成本的影响巨大。采取被动应对式方法的公司支出会是采取积极主动管理咨询成本的 10 倍。因此，如何在内部控制遵循之前进行合理的计划，发现降低遵循成本的途径，对企业高效地实施整个内部控制体系具有重大意义。本章从建设、实施、审计以及监管四个方面探讨企业内部控制遵循成本优化的途径。

一、企业内部控制建设的成本优化途径

（一）内部资源和外部资源的合理利用

1. 合理匹配外部资源和内部资源

企业在内控建设开始就面临着凭借企业内部资源来建立内控，或者寻求外部资源来建立内控这两种方式的选择。不同的方式，企业所花费的支出也会有所不同。

从原则上说，若利用企业内部资源，则直接花费的是员工的时间；若利用外部资源，则直接发生的是对外费用。如果过度利用外部资源，则无法很好地在企业内部培养出能够掌握内控的书面成果，同时拥有维护和实施技能的人才。因为中国企业实施内控合规性的工作，最大的挑战在于普遍缺乏熟悉先进内控标准和内控要求的人才。而引入外部专业顾问或人员协助本企业进行萨班斯法案合规性的备案工作，将有助于该项工作在较短时间内得以顺利进行（童丽丽、王志成，2006），但是由于外部资源的使用会使企业的支出明显加大。从另外一个角度来看，若片面利用内部资源开展内控工作，员工的工作量将会明显增加，并且在企业尚无相关的内控经验的首个年度，其对项目的方向性和评价质量等方面可能不能完全令人放心，这时企业不但会耗费较大的内部资源，内控建设的效果也可能会受到影响。

因此，为了实现企业支出和内控建设效果的平衡，最理想的状态是，在企业开展内控的前几年，应当平衡与融合企业内部和外部资源，待有相关经验后，再着重转向利用内部资源，该方法能够最为顺畅地保障企业内控的实施（德勤，2010）。

2. 利用外部财务报告审计师的咨询意见，以减少对其他外部资源的过度依赖

长久以来，注册会计师已经为上市公司在会计和内控方面提供了建议。但是在目前内控规范相关规定的情况下，注册会计师应当和客户保持一定的距离，假如注册会计师向他们的客户提供会计或控制方面的建议，他们会被指控执行了管理功能和审查了他们自己的工作，从而带来审计和咨询没有分开的嫌疑。丹尼尔·戈尔泽（Daniel L. Goelzer，2008）认为，注册会计师能够也应该向他们的客户提出会计及控制方面的建议。拒绝提供建议会使得注册会计师既没有为客户的利益服务，也没有为公众的利益服务。当然，管理层必须愿意而且能够在会计事项上作出自己的决策。需要明确的是，注册会计师向客户提供建议以便管理层能够作出决策和给客户作出决策存在着明显的不同，注册会计师与管理层之间自由的、公开坦率的有关财务报告和内部控制事项的交流仍然是允许的（刘晓嫱、杨有红，2009）。①

---

① 刘晓嫱、杨有红：《萨奥法案 404 条款的最新进展及其理性思考》，《会计之友》2006 年第 3 期（下）。

企业的内控建设中，利用企业注册会计师资源，通常存在如下三种情况可以选择：①仅希望就项目推进等事宜向外部审计师获取免费建议；②在支付一定报酬后，从外部审计师那里寻求建议；③寻求外部审计师以外的其他外部资源，比如其他注册会计师，直接帮助管理层完成内控的准备工作。从外部审计师的角度而言，如果企业愿意推进项目的恰当准备工作，则会降低内控审计相关的审计风险（德勤，2010），更为重要的是企业可以大大减少另外聘请咨询中介而利用外部资源所花费的巨额支出。

如何合理利用外部财务报告审计师的咨询建议，避免对其独立性的影响，在内控建设的不同方面可以适当利用审计的指导工作（日本注册会计师协会，2008）。[①] 表5—1 列示了企业在内控构建的不同阶段可以利用财报审计的外部会计师咨询建议的事项。

表5—1　财务报告审计的外部会计师咨询采取建议表

财务内控构建程序	审计业务或非审计业务
一、制定基本计划以及方针	不允许替代经营者的职能，但是在企业构筑内控的责任人的意见已经实质上决定的情况下，允许对企业草拟的文件进行评议
1. 制定为确保财务报告的准确性所应具备的内部控制方针、原则及水平	
2. 确定内部控制负责人以及公司总体的管理体制	
3. 构建内部控制必要的流程及控制频率	

① 日本注册会计师协会：《日本内部控制监督实务》，东北财经大学出版社 2010 年版，第 78~80 页。

财务内控构建程序	审计业务或非审计业务
二、把握内控的建立	
1. 对于全公司的内控,遵从现存内控形成的规章、惯例以及遵守的情况,描述公司总体内控的建立状况,并对其进行记录、保存	允许。另外,可将内控的基本构成与现状进行比较,可对不完善的进行指导,但必须注意不要将此误解为由审计人员自身进行内控的构筑
2. 针对关键的业务流程、交易流程和会计处理流程,必要时可运用图形以及表格进行整理便于理解	允许把握和记录企业内控的现状,但是应注意不要将其误解为是所有现状的记录和整个内控的构筑
3. 为识别重要业务程序发生虚假记录的风险,根据其风险判断与财务报告或者是与会计科目等有何关联性,或是根据识别的风险在业务中相应的内控活动,来判断是否能够降低风险。必要时灵活运用图形或表格讨论	审计人员应注意,所谓指导控制设计的缺陷是指以往财报审计中执行过的,允许进行指导。但是,应注意不要参与公司具体的内控设计提案的制定
三、修正已有缺陷的对策	
1. 设计新内控加入业务流程	不允许以自身实施的业务为审计对象
2. 采纳整改建议	允许针对整改的措施、方式与经营者交换意见。但是,注意不要误解为由审计人员进行内控的构筑
四、为应对内审程序,通过审计程序相关的评论	允许
五、决定经营者的评价范围	不允许进行直接确认 不允许对经营者决定的评价范围进行干预
六、协助经营者进行内控有效性的评价	不允许针对执行的有效性作出评价 允许提供对有效性评价方法的指导

资料来源:《日本注册会计师协会关于财务报告内部控制审计的实务处理》。

3. 咨询中介优化项目管理

对专门提供内控建设咨询的中介来说，如何科学化安排项目进度，优化内控项目管理，对减少中介投入，从而减少公司的咨询费用，具有重要意义。为此，中介应当通过对经营环境和管控模式的深入了解来提供个性化服务，加强项目计划和引入先进的项目管理经验，压缩项目成本，完善评价过程的记录。为了不枉费太多的时间和费用，根据恰当项目计划逐步推进内控工作是非常重要的（德勤，2010）。咨询中介优化内控项目管理，会减少所可能花费的时间和费用，对应企业的内控建设支出也会减少。

（二）内控建设阶段性和长期性关系的处理

目前对企业来说，特别是对于中国的企业来说，内部控制规范体系的贯彻实施是一项复杂的系统工程。内部控制和风险管理体系的构建也不是一蹴而就的，需要企业分步骤、分阶段地进行内控体系建设，特别是目前我国上市公司内控建设普遍较为薄弱的情况下。一般而言，在内控建设中应采取由简至繁、先大后小、先上后下，走循序渐进的路线，突出重点以保障内控项目的可操作性，防止出现面面俱到、捡小丢大的现象。为此，一般建议，可采取"以点带面"的实施策略，这包括三个方面：一是先完善"财务报告内部控制"这个点，再推广到"全面风险管理"这个面；二是先把"满足监督要求"作为一个出发点，再逐渐深化到"全面持续提升企业运营水平"这个面；三是先在"集团及重要子公司"实施这个点，然后扩展到"全集团"这个面。

另外，内部控制体系本身就是一个有机循环，也是强化内部控制监督的一项重要制度安排，就是要求执行内控规范的企业，应当通过开展内部控制评价，查找、分析内部控制缺陷，并有针对性地采取有效应对措施，及时堵塞管理漏洞，持续改进和完善企业内部控制体系，从这个角度来看，这更是一项长期的工作。

正确处理内控减少的阶段性和长期性关系，不但涉及内控设计和建设的可行性问题，也涉及内控遵循的短期支出和长期支出的配备问题，从更深层次的角度来讲，短期内控建设的阶段性成果也有助于长期内控建设期间遵循成本的优化。正如全球头号科技市场调查及咨询公司噶特纳（Gartner，2005）所认为的，执行萨班斯法案404条款不是一次性的开支，而是持续过程。浩和阁谭欧思（Hall & Gaetanos，2006）也认为遵循不是一年就可以完成了的，而是一个需要广泛投资的持续过程。试图选择一次性解决方案的公司所花费是持续、主动采取改进方法公司的支出的10倍。

（三）采取适当的内控构建方法

在实施内控构建过程中有各种方法可以被使用，采取不同的方法，企业所花费的成本也会不同，这些方法包括：①自上而下的方法。基于不同账户、交易或风险并不同等重要的原则，企业需要针对不同业务，评估其重要性、风险水平以及控制的有效性。②自下而上的方法。需要测试所有的账户和系统的控制点，不管他们对财务风险的重要性如何。在实务中，企业发现采取这一方法的效果不佳，并且成本很高。③基于风险的方法。采用预防性的控制措施以防止未经授权或不期望的事件发生。④基于发现的方法。采用监测性的控制措施，期望在未经授权的事件发生后及时发现他们。采取不同的方法，企业所花费的成本也会不同。

在美国，企业内控建设初期大多采取了"自下而上"的界定方法来进行内控范围的界定，这造成了对整个内控的细枝末节都作出测试、记录和评估，耗费了大量的内部以及外部的财力和人力资本，投入了大量的时间和资源，这样的过于具体的内部控制也造成了随后过高的实施成本（迈克尔·拉莫斯，2007）。而采取自上而下和基于风险的方法能够突出重点，将资源用在需要控制的方面和环节，从而可以大大地减少过度关注细节而造成企业的过多支出。

1. 采取自上而下的方法

内部控制是在整体和流程两个层面运行的，其中整体层面控制无处不在，它能够影响许多不同的财报项目，比如，雇佣和培训政策会对许多企业很多方面产生影响；流程层面的控制则是局限在某项交易类型的。在美国萨班斯法案 404 条款实施的第一年，许多公司及其审计人员都采取了自下而上的方法，先识别流程层面的各项控制，然后对每一项控制进行文件记录并测试，以确定内部控制整体是否有效。自下而上的方法具有以下不足：①自下而上、以控制为中心的内部控制认证方法已经导致企业在处理面临的经营风险时采取一种逐项检查和顺从规则的心理。②人们仍然非常关注运行现有的程序和以控制为中心的方法，必须进行的大量控制文档整理和控制测试，但是这种方法无法预防未来类似安然和世通的丑闻，因为这种方法没有关注和强调最容易导致欺诈和误报的风险因素。③更为重要的是这种方法非常费时，花钱很多。

在自上而下的方法中，是从企业的最高层面开始，然后再识别组织中最为重要的账目和交易类型，以及针对这些账目和交易的控制目标，随后识别控制是否达到控制目标，最后进行测试和评价。这种方法可以：①只测试那些与重要账目和交易相关的控制，不用了解和测试不受实质性误报影响的流程；②测试满足控制目标的最低书面的必要控制，而不用测试冗余的控制，而这类控制很多（迈克尔·拉莫斯，2007）。采取自上而下的方法不仅能够节约时间和金钱，还能够提供更加灵活且容易修改现有的控制系统，更好地管理企业财务报告的准确性。实施时采取自上而下的方法，这样做能够让企业的实施过程更加有效，也更容易控制成本。

另外，在实施自上而下的方法时，首先需要评估企业层面的控制。如果评估结果说明其控制非常强，并且能够直接、充分地防止不实陈述，那么流程层面的测试就可以减少（沈杰·安南，2008）。采取自上而下的方法可以减少流程层面的控制以及测试，因此，可以大大减少相关的成本支出。

2. 采取基于风险的方法

在美国，萨班斯法案实行初期，存在的问题之一是内部控制测试关注的往往是测试所覆盖的比例，比如说测试了所有控制领域的90%，而不是采用风险寻向审计。这就使得时间和精力不成比例地花在大量不可能导致重大错报的控制测试和文件归档上，从而导致了高昂的成本。对此，美国证券交易委员会和美国公众公司会计监督委员会都鼓励管理层采用自上而下的风险导向测试模式。同时，美国公众公司会计监督委员会也引导审计师实施与风险水平相当的测试力度。安永会计师事务所（Ernst & Young，2005）调查显示，采用风险导向测试前只有51%的受访者认为测试的范围会降低，而采用风险导向测试模式后，该比例达到了62%。测试范围的降低，在保证风险得到有效评估的同时，降低了范围扩大造成的高成本。

基于风险的方法能够让企业快速确定风险及不足之处，同时确认当前有效的控制点。基于风险的方法具体包含三个步骤：在企业层面控制的每个决策点上进行风险评估；识别重要账户；仅针对那些可能对财务报告产生重大影响的风险账户建立控制点及策略评估（沈杰·安南，2008）。美国上市公司在实施萨班斯法案404条款的首年后，鼓励企业建立控制点的注意力集中在已经证明存在风险的领域。然而很多企业目前并没有建立清晰的、有关如何确定风险基础的标准，这就意味着为实施萨班斯法案的内部财务控制而进行的测试大部分基于主观猜测。结果是企业浪费了大量时间和资源来测试一些不相关的流程，而且还会因为忽视了重要风险而损害整体成果。以风险为基础，意味着关注潜在影响财务报告有效性的定量和定性因素，识别交易处理或与编制财务报表有关的其他活动中可能出错的领域。同时，评估内部控制是否有效降低与目标有关的风险。

在建立内部控制框架时，自上而下、基于风险的方法使得企业更加关注整体层面的控制及重要账户。采取这一方法，企业更容易将注意力集中在对财务报告有重大影响的流程上。同时，采取这一方法还能让企业更好地整合企业层级的控制点。尽管有些控制并不与财务报告数据的变化直接相关，但这些控制在企业达到整体合规的努力中是不可或缺的（沈杰·安南，2008）。

另外，采取自上而下、基于风险的方法对小企业而言，更可以大大地降低遵循成本。美国反虚假财务报告委员会赞助委员会在2006年发表了《财务报告内部控制——小型上市公司实施指南》，尽管没有改变美国反虚假财务报告委员会赞助委员会框架，但为小企业提供了如何实施框架的指导原则。允许小企业调整实施做法而不需要改变商业流程来适应实施的要求。该指南建议小企业应更关注于自上而下、基于风险的方法，采取整体遵循的做法，同时针对不相容分离程度的问题建议采取增加控制点而非增加人员的方法加以解决，通过这样的途径以降低内控的建设成本。①

（四）合理处理内部控制体系与现有管理体系的关系

内控制度的设计应考虑企业的性质以及业务、流程或者控制点的重要性，以便采取有针对性的控制措施。在内控的建设不是另起炉灶，而是在企业现有基础上的完善，这样不但可以降低相关支出，还有助于避免"两张皮"现象，从而促使内控体系的有效实施。为此，企业建立内控应当充分利用现有的制度和流程，不可重复建设或额外增加过多控制而导致企业运作效率的降低，从而有悖于成本收益原则。

美国反虚假财务报告委员会赞助委员会（2004）指出，"嵌入式"控制对成本节约和减少反应时滞有重要作用。内控系统与企业的运营紧密相连，因基本的商业动机而存在。只有内部控制成为企业内部构架中关键的一部分时，才最为有效。所以，内部控制应该"嵌入"企业之中，而非"外置"在企业之外。单独建立一套脱离于现有管理体系的内控，只会造成内控无法运行，也使得内控建设的成本加大。本书认为，在内控建设中，应处理好以下几个方面的关系：

1. 内控与管理制度的关系

建设内部控制规范体系只是在原有基础上的深化、拓展和完善，不是完全打破过去的做法、全盘否定现有的管理制度，更多的是按照风险管理的思路，补充和完善现有的管理体系，使其更

---

① COSO，方红星主译：《财务报告内部控制——较小型公众公司指南（企业内部丛书）》，东北财经大学出版社 2009 年版，第 125 页。

加体系化，更加能够有效防范经营中的风险。企业应以内部控制规范体系的实施为契机，在公司原已建立制度体系的基础上，总结好的经验，改进不足方面，从而全面提升企业的内部控制和管理运作水平。

2. 内控与管理流程的关系

诸多公司、企业的流程比较健全，但内控制度和流程也不是一成不变的，随着内外环境的变化和管理需要进行不断的完善和改进。内控体系建设就是要通过分析发现企业流程方面可能存在的风险点和缺陷，以便进行及时的调整和完善。应该注意的是，内控流程不是单独新建立的一套流程，而是对原有流程的完善。在企业构建内控体系时，公司可通过内控咨询的推动和审计、企管、财务及业务部门的参与，共同促进企业的流程不断完善。

另外，在内控规范实施刚开始时，上市公司往往认为执行内控规范的本身并不是改进的过程，只是满足合法性的需要。因为在执行的过程中，公司都匆忙混乱地和审计师就文件归档和控制测试打交道，根本没有时间来考虑分析其他潜在的成本节省和利润提升空间并予以实践。在实务中，诸多公司构建内控规范时往往忽略了改进流程、自动化系统和剔除冗余活动等能够给企业带来增值的事项，这样大多数的公司都无视导致工作不效率的因素并对其进行修正等工作。实际上，在内控建设过程中可以通过作业分析等方法来优化流程，提高企业的运作效率，降低企业的成本支出。完善健全的内部控制制度能够为作业分析提供准确可靠的数据信息，是作业分析成本法顺利实施的基础；而通过实施作业成本法，也能够及时发现内部管理所存在的内控问题（肖蕾等，2008）。

3. 内控与 ISO 关系

人们普遍认为遵守 ISO 会极大地支持实施萨班斯法案，但是这可能并非最符合成本收益的方法，因为这一标准的覆盖率过于宽泛。但是，ISO 框架确实可以毛够为任何计划实施萨班斯法案的人们提供良好的指导（迈克尔·拉莫斯，2007）。本书认为，在内控建设阶段，实现内控流程和 ISO 流程的融合可以提高企业流程的效率，减少因为单独建立内控流程以及协调与 ISO 流程所带来的额外支出，但是内控和 ISO 并不存在相互替代关系。

4. 内控与可扩展商业报告语言的关系

企业可以通过可扩展商业报告语言来实施萨班斯法案，因为它能维持公司内部财务报告控制的状况。可扩展商业报告语言用于定义记忆交换财务信息的标准。从本质上说，可扩展商业报告语言提供了能够让企业保持透明系统的办法。它的价值是能够降低重复性，提高信息的透明性，帮助实现实时交流。这一系统还能够通过减少重复录入来缩短时间和降低费用，因而减少错误率、简化报告。通过消除重复、限制人为操作可能给数据带来的错误，可扩展商业报告语言能够帮助强化安全、控制差错。这不仅能够改善控制，帮助实施内部审计，还能够帮助企业建立更有效的系统（迈克尔·拉莫斯，2007）。[①]

（五）控制目标的选择与替代性

在设计内控体系，特别是财报内控方面，企业应明确并具备一些恰当的财务报告目标，具体来说，高层次目标就是编制可靠的财务报表，包括对不存在重大错报获取合理保证；在此目标之下，管理层应制定与公司的经营环境、活动及其在公司的财务报

---

① ［美］迈克尔·拉莫斯：《如何遵循 SOX404 条款——评估内部控制的效果》，李海风译，中国时代经济出版社 2007 年版，第 136 页。

表和相关披露中有关的支持性目标。通过仅仅关注那些直接适用于公司，以及与对财务报表有重大影响的活动和环境有关的目标，就可以提高内控建设的效率。

诸多企业的内控建设经验表明，从公司的财务报表开始，针对那些可能对财务报表产生重大影响的经营活动、程序和时间来明确支持性目标，可以实现最高的效率。因为采取这种方法，就可将企业的注意力仅仅集中于那些真正与财务报告可靠性相关的领域，以及那些与公司直接相关的风险上。同时，在实务中，企业也应当知晓目标之间也存在一定的替代关系，从而在设计时选择实现同样控制效果而成本最低的途径。由于内部控制是相互关联的，共同为财务报告目标建立的内部控制往往也能够支持公司的经营和合规目标，反之亦然。因此，考虑主要针对经营和合规目标的控制对财务报告的影响也会有帮助（美国反虚假财务报告委员会赞助委员会，2006）。

（六）要素之间相互替代的关系

在内控五个构成要素中任何一个都不应当被认为能够独立完成各自任务，这些构成要素应当被看作一个整合的系统，共同致力于将与可靠的财务报告有关风险降到可接受的水平。企业在内控建设中，尽管必须满足所有的五个要素，但是并不意味着所有的构成要素都应当同等地运行，也不意味着与所有类型的业务处理相关的控制活动的所有要素都必须有效运行。因为这五个构成要素是相互关联的，它们在将风险降低到可接受水平的过程中相互支持。同时，一个构成要素中的强有力控制可以降低对另外一个构成要素中的控制的需要。

这五个构成要素之间存在某种权衡，因为：①控制可以服务于多种目的，一个构成要素中的控制可能有助于实现其他构成要素中控制的目的；②不同的控制在应对特定风险的程度上可能存在差别，而各自的效果将很有限的多项控制结合起来，可能会收到令人满意的效果，所以，管理层应当充分考虑每个内部控制构成要素对充分降低风险的贡献。另外，如果存在高度有效的监督活动，就可以在构成要素之间以及评估工作所针对的范围内作出权衡，从而实现更高的整体效率。正如美国反虚假财务报告委员会赞助委员会（2006）所言，高度有效的监督活动可以弥补其他要素的某些缺陷，并且可以更敏锐地指引评估工作，以提高整体效率。

因此，有效的内部控制并不意味着要将"黄金标准"的控制运用到每一个活动之中。一个构成要素中的控制可以被针对该要素的其他控制或者其他构成要素中足够强大的控制所弥补，进而控制的整体性足以把错报风险降低到一个可接受的水平。各要素之间的合理搭配可以减少成本较高的控制措施，而增加成本较低的控制措施，从而在保证控制效果不变的情况下，有效地降低内控的遵循成本。

（七）规范化控制和非规范化控制的权衡

在内控设计时，可以选择规范化控制或非规范化控制来保证其流程的效果。但是这两种控制方法对企业来说成本是不同的，一般而言，规范化控制成本支出较大，而非规范化控制成本支出较小。

采取规范化控制，企业能够逐渐在实施内控的过程中建立起清晰的组织结构及落实职责。只要实施合理，规范的流程能够为全体员工提供清晰职责描述和期望值；同时，规范化控制能够保证内控的完善实施，不存在漏洞。而非规范化控制很难一贯执行，但它的优点就是灵活，并且往往也很节省开支。企业是否采取非规范化控制，往往取决于企业的组织规模，如果企业管理人员能够直接与经营活动全面接触，那么这类企业则更适合于采取非规范化控制。

无论如何，内控规范要求对文档及控制有效性进行规范评估，因此所有企业均应建立最低程度的规范控制（沈杰·安南，2008）。但是应该注意的是，对于那些企业特别是小企业而言以及某些控制流程而言，采取非规范化的控制，在不降低控制效果的基础上可以降低由于采取规范化控制所带来的高成本支出。

（八）识别和测试关键控制

在通常的情况下，内部控制的环节越多、控制方法和措施越严密则控制效果越好，但控制成本也越高。这就要求企业应充分考虑企业规模和业务特点，实行有选择的控制，特别是对关键环节的控制。识别和测试恰当的关键控制，避免其范围过大或过小，就可以达到在既定的控制效果前提下实现最优的遵循支出。

其实，不会导致重大缺陷的控制没有必要被界定为"关键控制"，不必纳入萨班斯法案404条款的范围进行考虑。对关键控制的识别对内控的有效执行来说很重要，但是如果态度过于保守——将太多的控制定义为"关键的"将会导致在评估控制过程中浪费时间和资源。但是，在内控规范实施初期，企业往往采取较为保守的做法，尽量确认较多的关键控制，如果企业确认的控制过少，那么可能导致当外部独立审计师认定一项重大的问题后管理层又不得不认定额外的关键控制（徐臻真，2007）。美国公众公司会计监督委员会（2005）的报告对此加以了证实：在萨班斯法案 404 条款实施的初期，公司和外部审计师们所测试的控制并不都是关键的控制，就是说他们的工作并不都能够防止或者识别出重大缺陷，这样也是造成第一年诸多企业内控执行成本偏高的原因之一。

识别重要风险并测试关键控制是在企业内控设计阶段需要重点进行的工作，该工作有助于企业限制关键控制的数量而降低遵循成本，并可提高控制的实际效果。而限制关键控制的数量，即必须予以测试的控制数量可以通过采用自上至下、风险导向的方法来聚焦于能够降低或者识别重大缺陷的控制。

如何合理识别关键控制是决定企业是否能做到控制有效和内控遵循成本降低的重要途径。具体来说，有两种识别关键控制的方法：①将可能导致财务错报的风险列示出来，再确定和这些风险相关的控制，这种方法的好处是相对直截了当，也为大多数有经验的审计师所熟悉，也是美国内部控制审计准则第 5 号中所推崇的方法。但是，列示出来的财务错报风险可能不一定完整。②着眼于影响重要账户的交易，关注保证交易事项被完整、正确记录和处理的控制措施。后一种方法因为其复杂性而在实务中较少被采用，其好处是相对第一种来说，可以保证控制的完整性。需要注意的是，无论采取哪种方法，管理层有必要在确定关键控制上保持应有的谨慎，特别关注以下控制措施，包括：是否存在有高层次的控制措施，如可以发现关键控制的失灵或者重大错误的控制；是否有附加性的控制措施，尤其是在高风险区域的控制，由于其执行可以抵消或者降低关键控制的失效而被认为是关键的控制，如一些后备性的控制措施等（Price Water House Coopers, 2005）。

二、企业内部控制实施的成本优化途径

（一）加强内部控制环境建设

控制环境是指建立、加强或削弱特定政策、程序及其效率产生影响的各种因素，包括人员的品德操守与素质、管理者的经营风格与经营理念、组织结构和人力资源政策与程序等内容，它决定了内部控制的基调和企业文化的氛围，控制环境直接影响着企业员工的控制意识和实施控制的自觉性，是内部控制建设的基础。根据美国反虚假财务报告委员会赞助委员会所定义的框架，仅仅关注业务层次的控制是不能获得关于财务报告内部控制有效性的适当结论的。企业应该直接审视公司的控制环境，尤其是管理当局的哲学与经营风格及其对胜任能力的承诺，才能真正显现公司内部控制的真实面目（谢盛纹，2007）。

对于内部控制的实施支出而言，在企业中营造良好的控制环境，将会在不过多增加控制成本的前提下，极大地提升内部控制的效果。正如目前美国业内人所建议的，在内控实施过程中采取风险评估办法时，特别应当重点评估控制环境，自上至下对影响执行萨班斯法案的风险因素公司治理、审计委员会、道德价值观、管理层的正直以及管理层职权过大作出正确评估（林郑丽慧，2006），这样不但可以发现和修补内控缺陷，还可以对业务流程的控制提供外部环境保障并可节省必要的业务流程控制支出。

（二）合理选择内控的日常管理机构

企业的内部控制和风险管理建设涉及工作很多，其中一个重要的问题就是如何构建企业的内部控制组织体系。而这首先要解决的问题就是确定公司的内部控制日常负责机构。为了加强对下属公司内部控制的协调组织工作，将此项职能设置在哪个部门，在实务中往往存在一定的混乱情况，有些企业经常于此项职能在多个部门之间变换，给内部控制的建设带来了诸多变数和不稳定，也会带来在内控实施过程中发生额外的支出。如何科学安排内控的日常管理部门对企业平稳实施内控，减少管理上的混乱，提高实施效率，进一步减少遵循成本具有重要意义。

1. 基本规范关于相关部门设置的规定

根据基本规范的规定，内部控制的组织机构涉及如下几个部门，其具体职责见表5—2。

表5—2　内控相关部门职责表

序号	机构	职责
1	董事会	负责内部控制的建立健全和有效实施
2	监事会	对董事会建立与实施内部控制进行监督
3	经理层	负责组织领导企业内部控制的日常运行
4	专门机构或者指定适当的机构	企业应当成立专门机构或者指定适当的机构具体负责组织协调内部控制的建立实施及日常工作
5	审计委员会	负责审查企业内部控制，监督内部控制的有效实施和内部控制自我评价情况，协调内部控制审计及其他相关事宜等
6	内部审计机构	应当结合内部审计监督，对内部控制的有效性进行监督检查，对监督检查中发现的内部控制缺陷，应当按照企业内部审计工作程序进行报告；对监督检查中发现的内部控制重大缺陷，有权直接向董事会及其审计委员会、监事会报告

从表5—2可以看出，基本规范对于董事会、监事会、经理层、审计委员会、内部审计机构等五个机构都有明确的界定和对应职责划分，但是对于"组织协调内部控制的建立实施及日常工作"的日常管理部门则没有说明界定具体的机构，这也造成了在实践中企业对于此部门的设置或指定较为混乱。

2. 目前内部控制日常管理机构的设置需要考虑的因素和习惯做法

关于目前内部控制日常管理机构的设置问题，目前普遍存在三种做法：把财务部作为内部控制的日常管理部门；把内部审计作为内部控制的日常管理部门；成立或指定专门的机构来负责内部控制建立实施及日常工作。本书认为，上述三种模式的选择应当考虑以下四个因素，即胜任能力、独立性、日常性和公司地位。现结合某集团公司目前的实际情况，对上述三种模式进行分析。

3. 基于某集团公司的分析

（1）把"财务部"作为内部控制的日常管理部门

目前的内部控制已经超越了财务控制的范畴，单纯从财务的角度来组织协调内部控制的建立、实施已经不能满足目前对内部控制建设和实施实行全员化管理的需要。另外，内部控制的主要职能之一就是防范会计错弊，把财务部作为内部控制的日常管理部门，就会造成不独立问题。

但是，建立内部控制是一个持续改进的过程，有些企业先从建立规范的财务控制开始，以此为起点来逐步规范和改善其他方面的内控工作。财务部负责内部控制的日常管理有助于对下属企业财务控制的规范性进行集中管理，促使下属企业先行把财务相关的内控规范好。另外，由于该集团在财务控制方面具有较好的内部控制基础，从该集团目前财务的胜任能力来看，公司财务也能够负责好内部控制的相关工作。这也是诸多企业把内部控制日常管理工作的职能放在财务部的原因。

（2）把"审计部"作为内部控制的日常管理部门

对内部控制的有效性进行监督检查是审计部的一贯职责。将内部控制日常管理工作的职能放在审计部有助于发现和改进内部控制建立和实施中所存在的问题。另外，从胜任能力以及公司地位（归董事局直接领导）来看，审计部也具有明显的优势。但这也会产生独立性问题，即监督检查与财务控制一样也是内部控制的一个要素或构成部分，对其进行日常管理也会产生不独立。另外，审计部通常作为事后监督的部门，对下属企业进行过程、持续和日常的内部控制管理也与目前的工作方式有着较大的差距。而如何介入企业的日常经营活动，组织协调和实施好内部控制则需要对内部审计的工作进行重新规划和考虑。

（3）把"综合管理部"作为内部控制的日常管理部门

作为一个经常与下属企业业务往来的管理部门，相对于财务部、审计部等具体业务执行部门，综合管理部较为独立。另外，这也与该集团目前综合管理部的"负责下属企业的综合管理"的职能定位较为相近。同时，其"负责公司所属产业基础管理制度的完善和推广工作，负责公司所属产业安全生产、消防工作的管理、督促、检查和整改，负责公司所属产业全面质量管理和环保工作"等职责范围也属于内部控制的范畴。我们认为，财务部、人力资源部、审计部、法律事务部等部门分别实施对下属的单位各自领域的内部控制日常监督职能，将内部控制日常管理职责划入"综合管理部"避免了局限于财务、审计等具体业务执行部门所带来的不独立问题，也有助于实现对于下属企业诸多管理的集中。

综上所述，我们认为，为了对下属企业进行综合管理，并考虑独立性问题，对于该集团公司而言，有必要将"内部控制的日常管理"职责纳入综合管理部，但这样，需要解决的就是其胜任能力问题了。

（三）建立良好的信息与沟通系统

要建立充分的内部控制，就需要建立一套报告系统以保证合适的人在合适的时候接收到合适的信息（迈克尔·拉莫斯，2007）。只要建立清晰的框架和明确具体的时间要求来确认、寻找、向相关人员传递信息，企业就能够保证内部控制信息、目标的及时准确传递（美国反虚假财务报告委员会赞助委员会，2006）。一个良好的信息与沟通系统有助于提高内部控制的效率和效果。

信息与沟通是整个内部控制系统的生命线，它为企业管理者监督企业各项活动，以及在必要时采取纠正措施提供了有力保证。管理层可以利用信息系统内部生成的经营、财务等信息和来自外部的市场份额、法规要求和客户投诉等信息，及时发现业务运行过程中的问题，有效地控制各项业务活动；利用识别和取得某种形式的信息，通过沟通使员工能够正确、及时地履行其职责，包括知道自己的角色和责任，以便顺利履行其职责，建立信息传递与反馈中的保护条款，保护和鼓励对违反内部控制规定的检举揭发行为。而我国目前大多企业的信息沟通现状是，尚未建立完善的信息和沟通系统，不能保障需求的信息得到及时处理，部门之间沟通不顺畅，处理过的信息不能得到及时的传递，影响了企业的经营效率，也加大了信息搜集和沟通的成本支出。

（四）充分利用企业的 IT 系统

在企业的内控实施中，可通过内控设计阶段调整的制度和流程固化到信息系统之中，以避免因为传统人工控制手段的随意性而导致内部控制建设的失效与重复，从而实现对各类业务和事项的刚性控制，减少人为操纵因素。最终可以提高内部控制的工作效率和执行力。另外，采取软件或其他信息技术手段能够减少控制点，提高运行和测试效率，能够帮助企业降低内控的实施成本。因此，商业化软件，可以减少企业开发成本、变更成本、控制执行的记录成本，还可增加监督效果，从而可以减少监督成本（美国反虚假财务报告委员会赞助委员会，2006）。特别是，商业化的软件包可以带来嵌入式机能，以便员工获取或修改特定的数据，执行对数据处理完整性和准确性的检查，以及保持相关记录。同时，有些软件带有内置的应用程序，可以提高运行和处理结果的一致性，自动进行调节，便于将例外事项报请管理层审核，并且支持恰当的职责分离。因此内控软件可以减少记录支出、自动核对以及由于职责分离而设置过多岗位和人员带来的成本（沈杰·安南，2008）。

同时，信息系统的应用控制一旦被判定为有效，在正常情况下就不需要在以后的时间对这些控制进行直接测试，因为公司若每年都判定其信息技术一般控制是有效的，管理层就可以确信应用控制得到了恰当的设计、测试和执行，并且有效地运行。因此，信息技术可以减少内控评价的成本。

另外，有些内控软件还能减少测试范围从而仅仅关注那些萨班斯法案范围内的账户，因此这些软件能帮助企业优化业务流程、降低费用（迈克尔·拉莫斯，2007）。虽然信息系统投入涉及设备投资、软件开发、人员培训等，需要巨大的投资，但是一旦其有效运行就会产生较低的后续支出，从而降低相关的内控运行成本。

（五）发挥各专业人才的作用

按照内控规范的要求，上市公司要对企业的风险进行评估，并对其目前执行的内部控制流程与内控基本规范及其指引进行对比，指出存在的不足和改进措施。因而在诸多繁杂的工作中，风险评估、流程梳理、缺陷识别以及建议提供无疑是极其重要的。所以，内控体系的建立必须充分发挥现有的各专业人才的作用，特别是让最熟悉某作业流程的人员参与进来，进行风险评估、流程梳理和记录，以充分利用现有的流程，发现缺陷，减少重复建设和人才培训的成本。

正如搜狐前 CFO 所指出的，人才的培养和储备就是时下必须马上要做的一件事情。这次做萨班斯 404 条款的达标，人才匮乏的问题就对我们敲响了警钟。我们自己内部没有这方面的人才，我们只能通过外聘甚至购买一些专业公司和他们的人才以及内控管理软件系统来完成达标项目（锐颐，2006），[①] 这样各种专业人士的缺乏或者在内控实施过程中各类专业人员参与不够就会极大地加大内控的实施成本。

在各专业人才中，最为重要的是熟悉会计和财务报告的专业人员，因为内控规范的重要目标就是合理保证财报信息的可靠性，并对此发表审计意见，因此，实施内控规范，需要充足的会计和财务报告的专业人员以确保生成可靠的财务报表。具体来说，上市公司需要那些高度了解会计原则和财务报告准则与应用的高层

---

① 锐颐：《中国版"萨班斯"渐行渐近》，《会计师》2006 年第 9 期。

次人员，这包括：①在董事会中投入更多资源将合格人员引进董事会，同时满足董事会会计监督和技术指导的作用；②在公司结构和交易性质方面避免不必要的复杂化，因为这要求更深奥和更宽广的会计知识；③加强培训和教育使财务人员充分履行职责，特别是对财务总监的培训；④在监管层面上，财务人员和外部审计师之间的业务沟通和讨论是正常的业务行为，避免被认为公司缺乏自行编制所需要财务报告的必备能力；⑤管理层的注意力从有效开展业务活动转向充分关注会计和财务报告。

另外，在内控建设过程中，应当正确处理中介机构参与和企业内部内控人才培养的关系。内部控制项目咨询，不仅要形成一定的工作成果，更要在内控咨询过程中培养一批业务能力较强的内控专业人员。为此，在聘请外部咨询顾问的时候，应当要求中介机构通过合理安排培训方案、工作计划以及其他知识转移的方式，以协助企业培养出内控专业人才队伍，以便在项目结束后仍可以独立开展后续的内控工作。

（六）保持记录的恰当性

根据普华永道在 2006 年的调查，有 61% 的受访者认为与保持记录相关的执行成本是不必要的负担；有 70% 的受访者认为，在实务中他们难以确定执行萨班斯法案 404 条款过程记录的恰当性和测试究竟应进行到何种程度。[①] 根据美国财务经理协会（2006）的调查，文件归档费用是导致内部执行成本高昂的因素之一。因

---

① 普华永道会计公司：《萨班斯—奥克斯利法案 404 条款：在美国上市的亚洲公司在遵循 404 条款要求方面所面临的主要障碍（2005 白皮书）》，2005 年，见 http：//www. petrochina~site/ICDOUT/pxgz/Doclibz/Forms/ALLItems. aspx。

此，如何保持记录的恰当性对企业减少内控记录成本具有重要意义。

　　首先，应当明确的是，企业应该建立清晰一致的文档记录和测试程序，记录并落实相关的公司层面控制，并保留充分的证据以便管理层和审计师测试这些控制运行的有效性。在内控实施时，应当设置专职专人督促文件归档工作，尽可能详细清晰地将流程和控制工作归档，并保证文件随着流程的进展而保持更新。关键的流程，尤其是重大交易事项以及相关的控制现在都应该予以归档。编制和保持内控记录对于内控的实施具有诸多好处，这些好处包括：①帮助管理者确信所有控制活动处于运行之中；②在坚持规范做法时提高企业经营管理的一致性；③有助于告诉员工应该做什么以及怎么做，以及期望值；④帮助培训新员工；⑤提供证据支持内控有效性报告。

　　在确定记录数量是否恰当时，需要考虑：①记录的性质和范围。这因流程的重要性和主要环节的不同而不同，不同的流程以及其中的不同环节会因为其性质、重要性、发生频率等的不同而记录的详细程度也会有所不同。②企业的不同规模。大型企业有更多的经营活动需要记录，或者财务报告过程复杂性程度更高，因此有必要的记录也更为广泛。而小型企业的政策和程序往往是非正式的，并不进行记录。这样小型企业在记录上所存在的有限性，大大降低了记录的上述好处，使员工不知如何做、结果如何，以及难以保持一致性做法等。③是否被外部审计师用作审计证据的一部分。有效的记录有助于外部审计师能够尽快了解企业的内控流程以及缺陷修正更新记录，加强外部审计对企业工作的利用，从而大大减少审计时间和资源投入，进而减少审计费用，但是过多的记录也会加大企业的成本支出。一般而言，企业应保存对关键控制的执行证据，以便管理层和外部审计师对这些控制进行测试。必要时，就记录证据需要保留的何种程度还应与外部审计师进行正式沟通，并记录文件保留的具体要求（徐臻真，2007）。在内控实施时，企业应当充分考虑以上方面，选择恰当的记录数量，以保证内控实施既定效果的基础上，减少因过量记录所带来的过高支出。

（七）对职责分离的补救

内部控制的相互牵制原则要求企业将批准、执行、记录、调节信息和保管资产等的职责分配给不同的人员，降低了员工在正常履行职责的过程中掩盖错误或进行舞弊的可能性，但是职责分离也加大了因人员过多而带来的高成本，这也是企业在内控实施中所面临的常见问题，也是诸多企业成本加大的一个重要方面。

但是，本书认为，职责分离本身并不是目的，而是降低处理过程中潜在的风险的手段。当职责分离而造成较大的成本时，企业可以采取一些措施来弥补潜在的不足，具体包括：①定期审核具体交易的报告，可以由管理层定期审核具体交易的系统报告；②选择特定交易以审核支持性的凭证；③定期盘点资产，监督对实务存货、设备及其他资产的定期盘点，并将其与会计记录进行比较；④核对调节表以及审核账户余额调节表或独立进行调节。通过这样的替代措施可以弥补因职责分离所带来的额外支出。

（八）设计完善的监督体系

高度有效的监督活动可以弥补其他要素的某些缺陷，并且可以更敏锐地指引评估工作，以提高整体效率（沈杰·安南，2008）。同时，如果存在高度有效的监督活动，就可以在构成要素之间以及评估工作所针对的范围内作出权衡，从而实现更高的整体效率。另外，通过监督活动，或者只需追加少量努力来加大监督，管理层就能够识别自上年度以来财务报告系统的重大变化，从而深入了解需要更详细测试的领域，这样就会大大减少内控评估的成本（美国反虚假财务报告委员会赞助委员会，2006）。①

本书认为，设计完善的监督体系应特别包括如下几个方面：①加强董事的监督。董事应当对经营活动进行深入的了解，并同各级管理人员进行经常接触和频繁沟通，这样有助于董事会及其审计委员会以非常有效的方式履行监督财务报告的职责。②选择合适的独立董事：有效的董事会应当具备一定数量并具有财务报告专长的独立董事，同时独立董事还应及时获取相关信息以及足够的资源和时间来了解和处理相关问题，并在履行职责的过程中保持充分的职业关注，把保护公司和股东的利益放在首位。③运用信息系统，提高监督的效率。④加强评估活动。一般而言，在第二年的评估活动中，管理层会重新开始记录控制、设计充分性、测试有效性以及弥补缺陷等过程，并更新文件记录，这些工作程序以及内容会重复上一年评估的所有要件。这样，在第一年对内控进行了评估和报告之后，许多公司在第二年重复评估过程中，可能会节约一定的成本。⑤充分发挥内部审计作用，加强内部监督，特别是应该加强内部审计人员建设，不断提高其素质，充分发挥内部审计作用来加强内部监督。⑥持续的监督活动。在实务中，一些公司已经在尝试着把耗费时间的年度评价工作转变为一个持续的过程，使其能够持续运行。持续的监控程序，并辅之以

---

① COSO，方红星主译：《财务报告内部控制——较小型公众公司指南（企业内部丛书）》，东北财经大学出版社 2009 年版，第 78 页。

个别评价程序，可能有助于有效率地实现这些内控目标（美国反虚假财务报告委员会赞助委员会，2006）。设计完善的监督体系可以提高内控的运作效率，并且能够降低内控的执行成本。

（九）增强外部审计师对企业自评的信任

公司在内控评价中，如能够科学、合理地进行相关的评价工作，就可以提高其工作的可信度，进而增加独立审计师对该结果的使用，这样就能减少审计师的各项资源投入以及减少对企业审计费用的收取金额。

审计师对企业自评工作的利用程度取决于企业完成评估工作的胜任能力和客观性，能力越强，独立客观程度越高，审计师越可以利用其工作成果，因此，管理层的内控评价人员应该具备一定的专业知识、能力、资质和经验，企业应当安排更有能力的人对评价工作进行复核以保证自评的质量。另外，企业应当尽可能无缺陷地执行控制。控制测试的容忍度是非常低的，如果外部独立审计师发现了控制测试中的甚至仅仅一处错误，他们也可能评价控制没有有效地开展，这将会导致修补和重新测试工作，最终可能导致工作量的翻倍。因此，企业一开始就能无缺陷地执行控制程序，这样就可以一定程度上避免审计师类似无用功的工作，避免重复成本（徐臻真，2007）。

本书认为，为了增强外部审计师对企业自评的信任，从控制内控实施成本的角度出发，企业还当对审计准则予以一定程度的关注，因为该文件对外部审计师审查和评估管理层的评估过程进行了解释，管理层可以通过了解和熟悉审计准则，以提高自评的可信度，从而可以通过外部审计师对管理层的测试予以最大化的利用来降低总和内控实施费用。

三、内部控制审计的成本优化途径

越来越多的研究表明，在美国，会计师事务所采取内部控制的审计方法不当是造成审计费用较高的主要原因。人们质疑美国内部控制审计准则第 2 号和外部审计界建议的控制评审方法和手段是导致过高的执行成本的根本原因（迈克尔·拉莫斯，2007）。尽管萨班斯法案自身在概念上比较明确，然而美国公众公司会计监督委员会对相关规定的实施却是失职的，这引起了大量的误解和不确定；同时审计师在运用规则时不能相互协调一致，在审计企业的内控时，审计师被迫变得过于保守并导致过高的审计费用（Dennis Nally，2004）。而内部控制审计准则从第 2 号发展到第 5 号很大程度上也是为了追求成本收益最大化（张龙平、陈作习，2009）。因此明确、合理、科学的内控审计对方法和手段对于审计师科学配置审计资源，减少审计费用以及企业参照内控审计方法制定、评价和完善自身的内控体系，减少相应支出均具有重要意义。

（一）进行整合审计

在我国，根据财政部等五部委印发《企业内部控制基本规范》的通知，执行基本规范的公司，应当对本公司内部控制的有效性进行自我评价，披露年度自我评价报告，并可聘请具有证券、期货业务资格的会计师事务所对内部控制的有效性进行审计。但并无说明内部控制审计和财务报告审计的事务所是否应当是同一家事务所。

在美国，为了贯彻萨班斯法案 404 条款的要求，美国公众公司合计监督委员会发布的第 2 号审计准则《与财务报表审计相关的财务报告内部控制审计》，要求公众公司审计人员在执行财务报表审计的同时进行财务报告内部空制审计，并提出了整合审计的理念。整合审计，就是内控审计和财报审计是由同一审计人员实施的，两个审计的证据可以相互利用。

内部控制报告审计最终将成为年度报表审计过程中根深蒂固的日常部分，财务报表审计和内部控制审计应结合起来，应研究内部控制和财务报表审计能够互相支持的方法，减少两者的成本，提高两者的质量（Daniel L. Goelzer, 2006）。

努力整合两个审计可以降低审计成本，提升整个审计过程的有效性。在内部控制审计过程中审计师对内部控制的检查，可以通过财务报表审计的结果得以证实；另外，在财务报告内部控制审计过程中得到的审计结果和结论又可以帮助审计师更好地计划和执行那些设计来确定财务报表是否公允表达的审计程序。二者相互补充、互为强化，更好地改善了公司财务报告内部控制以及财务报表的审计质量（张龙平、陈作习，2009）。在现有的审计实务中，由于种种原因，一些审计师未能充分整合这两种审计，事实证明这不仅浪费审计资源，还将危及整体审计质量，对应审计成本和审计收费也会大大不同（刘晓嫱、杨有红，2009）。[①]

但是，在技术上如何协调两种审计是需要深入研究的问题，比如报表审计中的内控评价是否可以使用所有的内部控制审计程序的结果，也就是说，报表审计中的内控评价可否全部取消或不全部取消；如不取消，每年需要保留哪些部分，两者的整合在审

---

① 刘晓嫱、杨有红：《萨奥法案 404 条款的最新进展及其理性思考》，《会计之友》2006 年第 3 期（下）。

计中如何做？两者在哪些地方存在怎样不同的内容？财报审计中哪些可以保留，哪些完全没有必要保留？本书认为，内控审计并不意味着财务报告审计中的内控评价就没有了，这是因为：①财务报表审计的框架本身没有任何变化，所以从财务报表审计的角度来看，风险评估包括对内控整体状况的了解等程序就一定会实施；②通常在财务报表审计中，最终确定余额的程序分为两个方面：首先，只需要实质性程序就可以确定余额的有效部分；其次，根据内控评价的逐步进行而对余额风险的判断。另外，在财务报告审计中，有些科目对应的业务流程，比如工资流程，依靠实质性审计而不依靠内控流程评价可能更有效；而有些科目对应的业务流程，比如销售流程，不依靠实质性审计而依靠内控流程评价可能更有效。在财务报告审计中，是否可以利用内控审计的工作成果往往取决于企业的性质、科目及流程的特征。而在日本内控审计的对象主要为销售额、应收账款和存货资产三个重大科目对应的流程。同时，财报审计中的流程主要依据审计人员的判断来进行，与哪个会计科目和业务流程相关的作为内控对象，需要与会计人员商量；而内控审计则需要和管理当局讨论，决定内控评价的范围（日本注册会计师协会，2008）。因此，如何进行整合审计，在哪个阶段以及在哪些具体方面进行相互利用工作结果、双方如何协调以节约审计成本等技术问题都需要深入研究。

（二）采取自上而下的审计方法

在萨班斯法案404条款刚开始在美国上市公司实施时，会计师事务所采取的是自下而上的方法，造成了审计成本的加大。在审计中，审计师要是选择自下而上的方法就有可能承担审计成本增加、质量降低的风险。如从最底层开始就增加了使自己陷入最终结果对实现预防或侦察财务报表重大错报的基本目标无任何意义的测试之中，进而导致增加一些不必要的成本。在企业经历了首轮萨班斯法案404条款遵循性大量的努力工作后，美国财务经理协会的主席科伦·坝宁安认为，萨班斯法案404条款的立意是好的，但是对执行所做的具体要求杀伤力过强（guilty of overkill），他建议采用风险导向审计来确定关键控制，从而使得审计师能够对公司作出整体上的合理保证。

近年来，提高审计师内部控制审计和管理层评估的效率并降低成本一直是美国证券交易委员会、美国公众公司会计监督委员会、企业和审计师共同关心的问题，而主要的解决途径在于改进内部控制审计评估的方法。美国公众公司会计监督委员会的主要做法是用审计准则第5号取代审计准则第2号。美国公众公司会计监督委员会用审计准则第5号取代审计准则第2号的实践，以及关于管理层内部控制评价概念公告和解释性指南的方法取向，一言以蔽之就是强调采用"风险导向、自上而下"的方法（姚刚，2008）。

一个科学的财务报告内部控制审计方式应该是根据不同被审单位的具体风险，将审计资源科学地配置于最高风险领域，避免对重大账户和相关控制一视同仁。审计师应当应用自上而下、风险导向的方法确定重大账户和相关的重大过程以及有关的认定。具体来说，就是审计师应首先将注意力集中于公司层面的控制；然后，是重大账户，这将引导审计师关注重大处理过程；最后，关注这些重大处理过程、交易或应用层次的具体控制。上述每一步所获得的了解都将指导审计师关注下一个控制层次内的高风险领域。采取这种审计方法的自然结果是审计师能够对高风险领域予以更大的关注，排除那些不需进一步考虑的含有重大错报只有极小概率的账户，使得其对低风险领域予以更少的关注，进而能够进一步降低成本，同时增加审计效果。

另外，抽样方法的恰当选择决定了审计师抽样的数量多少，从而也决定了审计师的资源投入。在内控审计中抽样包括统计抽样和非统计抽样，统计抽样在代表全体的证据方面以及其合理性、举证方面都很出色，但是抽样会变得更多，由此发生的审计成本也就更高。因此，在内控审计中应当根据具体情况，恰当地采取非统计抽样，审计师就可以降低抽样数量，从而减少审计支出（日本注册会计师协会，2008）。

（三）重视整体层面的内控评价

内部控制审计时应当纵观企业集团整体，从企业整体的角度去审计，即一开始不是着眼于详细的业务流程，而是俯视企业整体，确保最终编制和披露财务报告的可信度。从企业整体角度来审计内控时，审计师首先应该考虑公司层面的控制强度，以确定对公司层面控制所作的测试结果是否改变流程测试的性质、时间和范围。虽然审计师不仅仅依赖公司层面控制的测试，但公司层面控制强可以使得审计师做更少的工作，否则，他们将要执行更多的测试或要更大范围地依赖别人的工作。

整体层面的内控评价具有以下的特点：整体层面的内控有效，那么业务流程层面只需要少量的样本即可，这时审计程序则以询问和查阅相关文件为主，对重要的内控进行观察和再执行；若整体层面的内控无效，则业务流程层面需要的样本数量要多，需要更广泛地进行观察和再执行，因此投入的时间和资源也就较大，审计成本支出也就更高。在美国和日本对企业整体内部控制的评价依赖不同。美国仅仅是将整体层面内控作为业务流程中内部控制评价的前提或基础；日本在实施标准中明确了评价科目示例，要求依此为基础进行企业整体的内控评价，指出针对企业整体的内控，有可能会识别出重大缺陷（日本注册会计师协会，2008）。①

对于集团公司而言，原则上应对极少的事业机构之外所有企业的整体内部控制进行评价，因此相对于传统的财务报表审计来说，作为评价对象的事业机构会增加很多。但是在内部控制审计中，由于企业整体的内部控制是对企业集团全体适用，因此大多数可以在总公司层面完成，只是在必要情况下在子公司进行评价（日本注册会计师协会，2008）。

总之，从企业整体角度进行审计内控，有助于审计时更有效地发现内控缺陷，识别重大风险，减少对具体流程层面的测试，从而可以大大地降低审计资源的投入，从而降低审计费用。

（四）合理确定审计范围和明确审计对象

审计范围不同，对应的审计成本也会存在较大的差异。一般而言，全公司的内部控制评价范围与全公司财务报告审计中评价范围一致的。因此，在内控审计中对于规模较小的公司可以不纳入审计范围。但是在我国，在内控建设和评价中证监会对纳入评价范围的公司要求50%以上，而审计意见发表所需要的审计范围可能最少为60%～70%，两者之间存在较大差异。这会在实务中造成企业建设和评价按照50%的比例进行，而审计时按照70%进行，会使得另外30%的企业范围没有建立内控和被评价而可能对

---

① 日本注册会计师协会：《日本内部控制监督实务》，东北财经大学出版社2010年版，第110～113页。

整个公司出具非标审计意见。审计范围的大小是合理确定审计投入以及审计收费的重要因素。

另外，从审计对象来看，按照目前国际上有两种普遍的做法，即以单个公司为对象或者流程为对象，前者主要为日本做法为主，而后者以美国做法为主。若采取和财务报告审计相一致的审计对象，则一般而言主要以公司为主体（日本注册会计师协会，2008）。但是进行内部控制审计，主要是从整体的角度，来对整个公司特别是集团公司的内控流程有效性发表意见。如以公司为主体难以从整体上把握内控的有效性问题，这时需要对一定比例的重要公司分别进行内控审计，势必会加大审计的工作量。若以流程为主，则不用对下属每个公司出具内控审计报告；若以公司为主，则应出具单个公司的内控审计报告。审计对象的不同，审计的资源投入也会不同，对此审计费用也就不同。在我国尚无明确以公司为主或以流程为主的审计，由于这两者的审计范围也会不同，前者需要较为全面地了解和测试重要公司的内控；而以流程为主则不需要考虑公司实体，就需要对重要流程进行了解和测试，审计的投入自然就会较少。本书认为，中国在做内控审计时应当以流程为主，避免对每个重要公司发表意见所带来的审计资源短缺、风险加大的问题，也有助于减少企业的审计费支出。

（五）恰当选择审计科目和对应流程

与审计对象相关，不同的内控审计对象会影响到所审计会计科目以及对应流程的类别和数量，由此也会影响到审计的资源投入和成本。在目前已经实施内部控制审计的国家中，美国和日本在选择所审计的会计科目和对应流程时所采取的方法有所不同。

在美国，在选定重要评价对象（子公司）后，这些重要的评价对象对应控制点的金额合计总额没有达到合并基础的公司科目金额的一定比例，比如 2/3 时，就应增加评价主体的数量，直至达到该科目的这一比例，因此，每一个重要的会计科目都将其他的非重要的评价对象（子公司）作为评价对象去追加评价的业务流程。美国这样做，结果是几乎所有的业务流程均成为评价对象（日本注册会计师协会，2008）。①

在日本，不要求合计金额达到合并会计中该科目的一定比例的业务流程作为评价对象，比如在占合并销售额 2/3 的实体中，可以明确锁定那些达成与企业经营目标密切相关会计科目的业务流程。在日本，内控审计的会计科目一般为销售、应收账款和存货三个科目及对应的流程。另外，还包括在过去各种各样的舞弊财务报告事例中使用的具有代表性的核算科目。当在选择营业收入并选择好审计对象（下属企业）后，如果这些对象应收和存货可能达不到 2/3 比率，这时就需要考虑是否追加评价对象。在此基础上，选择重要公司或实体之外的审计单位中，如果存在重要虚假记录风险较高的业务，则考虑追加为审计对象。追加为审计对象的业务流程往往包括：①与风险大的交易有关的业务，例如进行不动产、金融资产的交易或流动化等复杂会计处理；②与估计或管理层预测重要科目核算有关的程序，比如，减值和所得税资产等，这些往往与财务报告程序相关；③与期末交易、与通常交易不同的重大交易以及从年度趋势上突出的交易等。上述需要审计的业务流程，考虑不是从重要分子公司或从业务整体来考虑，而是以特定交易或事项对应的流程作为审计对象。

---

①　日本注册会计师协会：《日本内部控制监督实务》，东北财经大学出版社 2010 年版，第 121 页。

除了具体流程外，日本内部控制报告制度较多地重视整体层面的内控审计。日本内控报告制度的最大特点就是彻底执行了由上而下的风险处理方式，即由管理层的视角来看企业或企业集团，整体的内控、决算和财报流程在审计工作中所占的比重很大。因此，在日本的内控审计中，认可对其他业务流程的大量削减（日本注册会计师协会，2008）。

因此，日本的审计评价对象是占据收入一定比例的公司及其销售、应收账款和存货对应的流程，必要时考虑追加针对个别流程的审计程序。在日本，普遍认为现在企业正式推进业务流程内部控制的构筑工作，真正推行起来，现在实施这三个会计科目已经很困难。在实际情况的调查中，期望谋求减负措施的呼声。因此，所要求的这三个科目是实施内部控制评价的最低标准（日本注册会计师协会，2008）。日本内部控制报告制度对会计师所审计的会计科目及其流程的界定可以减少会计师的审计支出。

（六）明确重大内控缺陷的判断标准

企业重大内控缺陷的多少不但会影响到企业随后的纠正成本，而对审计师来说，如何合理划分内控重大缺陷也是其进行内控审计时需要妥当处理的重大问题，这可避免测试过多的非重要内控，较大程度上降低内控审计的资源投入，也有助于提高内控审计的效率。而对控制缺陷的评估是财务报告内部控制审计的难题之一。鉴于不同公司、不同缺陷有其自身特征，任何用来评估缺陷的方法都需要高度的职业判断（张龙平、陈作习，2009）。笔者认为，重大缺陷的判断需要重点解决三个问题：①判断重大缺陷时需要着重考虑的因素；②整体层面重大缺陷的判断；③审计师和企业对重大缺陷点判断标准的一致性。

对内控缺陷的划分，可分为金额重要性和性质重要性进行判断，前者用合并资产、成本、收入、利润等的比例判断，这需要结合企业所在的行业、规模、特性；后者则与上市废止、关联交易、担保或者大股东关联资金往来情况等事项相关。在进行内控缺陷判断时，应当注意：①缺陷类型的判断不是以实际发生的虚假记录，而是通过在多大程度上存在，以及在将来不能防止发生或适时发现缺陷的潜在危害性来判断。②与内部控制有关的重要性判断标准，最终与财务报表的可靠性有关，因此与财务报表的重要性一样。③重要性的标准也应当根据企业实际情况而进行调整。在实际中，如5%的合并税前利润不是绝对基准，比如一家企业去年利润为1亿，今年下降到1000万，这时会造成对于同样的缺陷因重要性标准没有变化而缺陷类别也会不同，因此当计算出的税前利润金额非常小的情况，可能就不适用税前利润的5%作为重要性水平。另外，在税前利润因业务的性质在不同年度存在显著波动的情况下，应修订该企业重要性判断标准，或采取最近年度的平均值（日本注册会计师协会，2008）。④多处存在控制缺陷时，应当综合同一个会计科目的相关缺陷，判断该缺陷导致财务报表产生错报带来的影响。

由于重大缺陷往往是与财务报告内控相关的，并且与科目和流程直接相联系，但是整体层面的缺陷往往与财务非直接相关的，这时如何判断整体层面的重大缺陷就成为一个较为困难的事情。由于企业整体的内控是持续地维持、运行业务流程的大前提。但是并不是说企业整体的内控有了重要的不完善就等同于重大缺陷，这时必须探讨其影响的程度。整体层面的控制非常抽象，对于同样项目，不同部门和级别看法也会不同。而在实务中，由于整体控制影响范围广而审计师往往比较倾向于保守判断。但是这种评价的目的，终究只是将重点放在担保财务报告的恰当性上。因此在审计实务中，对于整体层面的内控缺陷认定主要逻辑就总结为，通过充分探讨企业整体控制的不完善对财务报告虚假记载的可能性影响，来判断是否为重大缺陷，同时也需要高级管理层的判断（日本注册会计师协会，2008）。

另外，审计师和企业在"重大缺陷"的界定上存在的差异也造成了会计师与企业大量的沟通工作以及采取更为谨慎的审计程序，这也势必增加了审计的资源投入和审计费用。而目前内控缺陷的审计标准过于依赖外部审计师的判断标准，这可能会导致因为要符合萨班斯法案的要求而发生不必要的资源支出（林郑丽慧，2006）。正如目前美国业内人士所建议的，应当鼓励会计师和企业在定义"重大缺陷"的概念上达成共识。会计师和企业可根据公司的规模、营利状况、组织结构、所处的行业以及公司所处的"生命周期"给出"重大缺陷"的不同标准。这样的共识可极大地减少内控的合规性费用，节省由此发生的不必要费用。

（七）增强对他人工作的利用

在内控审计中，如果审计师没有恰当地利用他人工作成果，就可能会重复执行测试或重复进行某些审计工作，这可能造成审计成本的不必要增加，同时审计质量也没有得到相应的提高。反之，恰当地利用包括内部审计在内的其他人的工作结果就可以大大减少会计师审计的资源投入，从而降低审计成本。正如查尔斯河联营公司2005年秋季调查的结论所示：内控遵循成本绝对值的降低得益于一部分的审计费用的降低，因为外部独立审计在测试内部控制和取得审计资料时利用了他人如公司管理层、内部审计师、咨询顾问等方面的工作成果。

审计师如何以高效适当的方式利用他人工作，本书认为，需要注意以下四点：

（1）审计师在高风险领域应该执行更多的直接工作，而在低风险领域寻求利用他人工作。但这要求审计能够自上而下地适当评估风险，判断高风险领域和低风险领域。

（2）在利用内部审计的工作时，首先要检查内部审计人员的能力以及独立性，还应在对内部审计人员的一部分工作进行验证的基础上，考虑将其作为审计证据加以利用。

（3）在利用管理层的工作时，要验证管理层的评价方法是否恰当，特别是审计师应当验证管理层评价所选择的样本并对此进行评价，在验证管理者一部分作业的基础上，考虑将其作为审计证据利用。如不把管理层的评价结果作为评价证据加以利用，也就不需要验证管理层的评价方法及其样本是否恰当。

（4）同时，还可以利用公司以外专家的工作以及除内部审计之外人员的工作，如自评人员等。

同时，审计师还应当加强与管理层的沟通。虽然内控审计是审计人员的实际操作行为，但是内控更是企业管理层的事情。与管理层的协商，包括审计范围和重要的业务等，这对于审计师提高审计质量、减少审计资源投入也具有积极意义（日本注册会计师协会，2008）。

（八）提高审计师职业判断能力

在内控审计的过程中充斥着对审计师职业判断的要求。审计师的职业判断能力决定了审计的重点、程序、工作量以及效果。在内控审计中，首先要应用自上而下的方法，这要求审计师以合理的方式运用其积累的知识、经验和判断去确认存在财务报表可能存在重大错报的重大风险领域，然后，进一步确认与此相关的控制、设计适当的程序并测试这些控制。此外，要确定财务报告内部控制设计和运行的有效性，审计师应该运用其职业判断确定一般缺陷、重大缺失、重要缺陷，审计师在评价财务报告内部控制缺陷类型时，应合理运用其职业判断，充分考虑定性和定量因素。特别是，定性的分析应该分解为缺失的性质、原因、所设计的控制支持的相关财务报表认定、对主要控制环境的影响以及其他弥补控制是否有效等因素。总之，尽管财务报告内部控制审计与财务报表审计血肉交融，但是财务报告内部控制审计对审计师职业判断的要求要高得多。

为了更好地履行财务报告内部控制审计这一职责，审计师应该充分重视并尽可能地提升自己的专业判断能力。特别是，审计师应用以"原则"为基础的方法而非以"规则"为标准的方法，应当鼓励企业和审计师便于作出判断的并且可以用最高效的办法实现合规目的的模式（林郑丽慧，2006）。

（九）同时签订两个审计合同

如前所述，一般而言，财务报告审计和内部控制审计均为一家会计师事务所进行。在美国，在实施审计时，要求上市公司审计人员在执行财务报表审计的同时进行财务报告内部控制审计，提出了采取整合审计，这样可以提高审计的效率。由于会计师事务所同时进行财务报告审计和内部控制审计，这时企业可为了提高合同签订的效率以及实现审计费用的降低，在审计合同签订时，可将这两份合同同时签订。

虽然审计合同是当事人之间达成的，但多数情况下内部控制审计和财务报表审计是一体进行的，应该是同一个合同。在日本，其第 82 号准则中就规定，内部控制审计报告书原则上与财务报告审计的审计报告书一起签订，同时内部控制审计报告书和财务报表审计报告书作为一个审计报告书一体制作。另外，在日本，相关法规委员会（研究报告第 6 号"关于审计及季度审核合约"的编制）更是列出了合同签订的编制指南和标准格式，比如将审计人员、审计期间等与内部控制审计相关的内容都应当写出来，还有预订时间、报酬也应区分列出。两个审计合同的一起签订有助于提高谈判的成本以及审计费用的降低（日本注册会计师协会，2008）。

四、完善监管措施以降低内控遵循成本的途径

（一）明确财务报告内控的审计范围

在目前采取内控审计的中、美、日三个国家中，审计的范围均以财报内控为主，但是具体方面还存在一定的差异，这也决定了审计成本的高低，以及向客户收取审计费用的高低。

在美国，审计的财务报告的范围包括财务报表及其附注；在日本，财务报告的范围除了报表及其附注之外，还包括运用财务数据，或对财务报表有重大影响的事项等内容。日本注册会计师协会认为，把财务报告的范围理解得更广，是顺应了国际上审计会计的潮流。在欧盟或者国际审计会计准则，关于管理要求等方面的叙述性披露被作为财务报告的一部分，把这些财务报告的相关事项作为管理层和审计人员的责任来定位，目前国际上正在呈现这种倾向（日本注册会计师协会，2008）。在我国，除了财务报告（含报表及其附注）之外，还包括在审计过程中审计师所关注

到的非财务报告内控，因此，在范围上，中国较美国和日本均要宽泛。虽然在内控审计指引中规定，注册会计师应当对财务报告内部控制的有效性发表审计意见，并对内部控制审计过程中注意到的非财务报告内部控制的重大缺陷，在内部控制审计报告中增加"非财务报告内部控制重大缺陷描述段"予以披露。

在我国，对非财务报告内部控制如何履行关注的责任，以及如何界定非财务报告内部控制的重大缺陷等问题则没有进一步的解释，这势必会造成审计实务中的混乱，也会额外加大审计成本。本书认为，在审计准则指南中应当明确审计师对非财务报告内部控制与财务报告内部控制界限、非财务报告内部控制的审计程序、非财务报告内部控制重大缺陷的认定标准等问题给予明确。较美、日内部控制审计，我国内控审计本身就加大了审计的范围，明确上述事项有助于减少审计实务中的混乱，并减少审计资源无谓投入，从而降低审计成本和对客户的审计收费。

（二）明确审计的实施主体

根据财政部等五部委印发《企业内部控制基本规范》的通知，执行本规范的公司，应当对本公司内部控制的有效性进行自我评价，披露年度自我评价报告，并可聘请具有证券、期货业务资格的会计师事务所对内部控制的有效性进行审计。这样，企业在年度审计中，应当提供财务报表审计报告和财务报告内部控制审计报告两份报告，但是该通知并无说明：①这两份报告是否应由一个或两个会计师事务所提供；②若是由同一事务所提供这两份报告，是否应当由同一审计执行人员进行。本书认为，审计实施主体的不同会影响到会计师事务所的审计效率和效果，也会由此影响到企业的审计费用问题。

在美国，萨班斯法案要求内控审计和财务报告审计是由同一个会计师事务所实施的。由同一家会计师事务所提供财务报表审计和财务报告内部控制审计服务，是为了保证审计成本以较低的方式进行。在日本，在《实施基准》中除了明确应当由一个会计师事务所审计外，还规定应在同一业务执业人员的指示和监督下，实施整合审计（日本注册会计师协会，2008）。

不同的实施主体所产生的审计质量和审计投入也就不同。根据我国的规定，内控审计和财报审计可由同一家事务所进行，也可由两家事务所进行。而对于实施人员，我国相关规范没有作出规定。为了提高审计质量，减少审计重复投入，实现审计的规模效益，本书建议相关规范或解释应当明确：①内控审计和财报审计应由同一会计师事务所审计；②内控审计和财报审计应在同一业务执业人员的指示和监督下，实施整合审计，以减少成本。

（三）中小企业采取间接审计

如前所述，内控的执行成本对小型公司来说实在过于高昂，为了减少审计支出，在日本，规定内部控制审计不采取美国使用的直接报告业务。也就是说，内控审计以管理层主张的内部控制有效性的评价结果为前提，审计人员对此发表意见，不采取审计人员直接验证内部控制的建议及运营状况的方法。日本会计学专家广濑认为，之所以不采取直接报告方式，最大理由就是为了减轻企业的负担。从审计师角度来说，直接报告方式与审计财务报告相连的方面结合不是很强（日本注册会计师协会，2008）。

在美国，据悉，美国证券交易委员会正在考虑对小型上市公司给予一定的豁免，美国证券交易委员会下属的小型上市公司咨询委员会计划发布一个最终的报告，决定市值低于1.25亿美元和年收入低于 1.25 亿美元的公司是否可以豁免遵循萨班斯法案 404 条款的规定。[①] 可以看出，美国和日本的做法充分照顾了小公司和外国公司的利益，从而使得条款的推行得以循序渐进、分类监管、有效实施。

目前，在我国，内控审计则是直接审计法，就是直接对企业的内部控制体系发表意见，这样势必会加大审计师的测试对象和范围，也会加大其风险和责任，对应审计收费也会提高。考虑到我国国有企业所代表的国有经济占主导、特殊行业分类监管、大型企业集团和中小型企业规模相差悬殊等因素，在我国推行企业内部控制强制标准时，应该充分考虑各种企业的特点，实行"统一管理、分步推进、细化分类标准、设定强制执行门槛"等措施来推进（姚刚，2008）。在实际监管中，可根据企业规模不同分类处理，因为上市公司的规模是影响其内部控制水平的重要因素，所以考虑中小型上市公司的实际情况，为其采取相应的措施。

鉴于内控规范对中小企业的巨大影响，在实施过程中应区分不同公司的规模分别对待，不搞"一刀切"。本书认为，可以制定政策对小型上市公司给予一定的豁免规定，比如考虑对于在创业板上市的公司先期实施内控的间接审计，待执行一定时期后再择机采取直接审计，以减少审计费用的支出；或对新上市的小型公司在他们申报的第一次年度报告时可以不进行内控的自评或内控审计等。

---

① 邓晖：《SEC 考虑豁免小公司执行萨班斯 404 条款》，2006 年 1 月 7 日，见 http://www.chinaacc.com/new/184/185/2006/1/wm457428303171600 217100 - 0.htm。

（四）简化内控披露

根据中国《企业内部控制基本规范》的规定，上市公司每年至少进行一次内控的审计并披露相关报告。披露内控报告的次数多少对企业的成本支出具有一定影响。

在日本，为了减少企业的内控支出，日本《金融商品交易法》规定，从2008年4月1日开始，营业年度报告与季度报告同时要求披露，但是内部控制报告制度不适用于季度报告。也就是说，内控报告只是做年度披露。另外，在日本，如果是办理新上市企业，虽然要求内部控制报告与有价证券报告一并提交，但是在提交新公开交易的有价证券申报单时，可以不提交内部控制报告。新上市企业上市后第一年提交财务报告时，与内部控制报告一并提交。也就是说，新上市公司在申报材料时可以不提交内控审计报告。[1]

在美国，美国证券交易委员会也建议新上市的公司在他们申报的第一次年度报告时可以不遵循萨班斯法案404条款的要求（夏桐，2006）。按照该计划，美国证券交易委员会将修订其准则，从而使一个公司在申报年报前，不需要提供管理当局评估报告或审计师鉴证报告。该提议适用于通过IPO或注册股权交换（Registered Exchange Offer）上市的公司，和因其他方式而导致报告需要满足要求的公司。[2]

过多的内部控制信息披露次数势必会增加企业的披露成本，

---

① 日本注册会计师协会：《日本内部控制监督实务》，东北财经大学出版社2010年版，第151页。

② 夏桐：《遵从萨班斯中国企业"不要跑得太远"》，《会计师》2006年第9期。

对此应该采取灵活的措施，针对不同的公司采取不同的政策。笔者认为，监管层可以按照公司的规模大小，考虑已有内控的有效程度，以及实施难易程度等方面分类对待。对此，可参照美日的相关规定，建议我国监管部门对内控披露的情形、次数、IPO 企业内控披露等作出明确规定，以减少企业的内控遵循支出。

（五）形成规范的技术支持体系

根据普华永道公司有关美国萨班斯法案执行情况多次调查结果，70% 的企业难以确定对萨班斯法案 404 条款执行过程的记录和测试究竟应该进行到什么程度。查尔斯河联营公司的多次调查也发现，在内控标准不清晰的时期，很多公司和审计师为了最终能达到法案的要求，投身于过量的文件归档和测试工作，没有明确的内控标准和指导方针造成了美国内控执行成本的加大。

在美国，美国证券交易委员会为了缓解萨班斯法 404 条款高昂的执行成本，于 2006 年出台了新的萨班斯法案 404 条款执行指南。该指南推行一种"自上而下"、基于风险的内部控制评价方法，使上市公司在执行萨班斯法案 404 条款对内部控制进行测试和评价时，把资源都集中在与财务报告相关的高风险领域，从而达到节约成本的目的。由于该指南在上市公司的实行，萨班斯法案 404 条款的执行成本还可能存在下降的空间（林妹，2008）。正如美国证券交易委员会主席唐纳德森（Donaldson）和美国公众公司会计监督委员会的主席麦克唐纳（McDonough）所言，出台促使萨班斯法案 404 条款报告程序更加具有效率和效果的指南，通过修改或增加更多的指导原则，可使企业和会计事务所更容易地遵守萨班斯法案 404 条款（刘晓嬙、杨有红，2009）。

在美国，陆续形成了包括萨班斯法案在内的四个层次的规范体系。一是萨班斯法案本身，它是旨在投资者保护的法律，也是内控建设、评价和审计的法律基础；二是企业内控的标准——美国证券交易委员会推荐使用美国反虚假财务报告委员会赞助委员会内控框架，同时针对小企业专门开发了《小企业美国反虚假财务报告委员会赞助委员会内控框架》，这是进行内控建设的指引，也是后期进行评价和审计的标准；三是美国公众公司会计监督委员会审计第 2 号准则和第 5 号准则，这是审计师进行审计的标准，规定了审计的方法和程序；四是美国证券交易委员会发布的管理层内控自我评估概念公告和解释性指南，这是企业管理层进行内控自我评估的指南。这样就解决了内控建设的法律基础和内控标准、审计标准、自我评估标准等各环节的技术问题。在日本，还有关于内部控制实施过程中的解答，即《内部控制报告制度相关的 Q & A》。

在我国，2010 年财政部等五部委联合颁布了指引讲解，但是德勤 2010 年对上市公司的调查显示，仅有 37% 的企业认为配套指引有助于企业监控并降低成本和费用，大多公司较 2009 年相比还提高了 7%。这反映出当前企业内控的现实问题，就是一些企业表示若按照配套指引实施日常内控建设以及进行内控评价，在一定程度上将增加员工的工作量，预计并不能提升经营效率和效果，反而提高了成本（德勤，2010）。一直以来，对中国上市公司来说，内部控制的建立和实施缺少一套适合我国国情的标准和指导方针，导致企业管理层对内部控制的了解和认识不够深刻和准确，内部控制工作达不到预期效果，增加了成本费用（德勤，2010）。

由于我国企业内部控制标准和构建现状，本书认为，除了内部控制指引及其讲解外，还应当构建以下两个层面的内控规范体系：第一，国外诸如美国和日本等均已将内部控制上升到法律的要求，有必要在我国推进国家层面在内部控制强制标准方面的相关立法；第二，进一步解决企业在内控实施过程中的各种疑问，减少误解或少走弯路，应当出台内部控制评价和审计解答，如同我国执行新会计准则一样，定期发布内控问题解答，在日本则是通过《内部控制报告制度相关的 Q & A》来体现。

（六） 明确企业管理层的职责和增加处罚力度

如前所述，在美国，陆续形成了包括萨班斯法案在内的四个层次的规范体系，其中萨班斯法案是内控建设、评价和审计的法律基础，根据该法案，在公司定期报告中若发现因实质性违反监管法规而被要求重编会计报表时，公司的 CEO/CFO 应当返还给公司 12 个月内从公司收到的所有奖金、红利，其他形式的激励性报酬以及买卖本公司股票所得收益；如果公司 CEO/CFO 事先知道违规事项，但仍提交承诺函，最多可以判处 10 年监禁，以及 100 万美元的罚款；对于故意作出虚假承诺的，最多可以被监禁 20 年并判处 500 万美元的罚款。另外，萨班斯法案也明确规定美国公众公司会计监督委员会有权调查、处罚和制裁违反该法案、相关证券法规以及专业准则的会计师事务所和个人。在日本，如有不提交内部控制报告或做虚假记录的情况，按照规定也要处以 5 年以下有期徒刑或 500 万日元以下罚款，或数罪并罚。①

我国颁布的基本规范及其指引均不是法律层面的规范，因为规范不是法律，实际上只是给企业一个指导原则，或者是一个具备一定约束力的原则。我国的《基本规范》只是提到"企业应当

---

① 中国会计网校：《解读 SOX 法案》，2003 年 7 月 14 日，见 http：//www.chinaacc.com/new/287/288/306/2006/7/ma394344755141760025632 - 0.htm。

加强法制教育，增强董事、监事、经理及其他高级管理人员和员工的法制观念，严格依法决策、依法办事、依法监督，建立健全法律顾问制度和重大法律纠纷案件备案制度"。此外找不到与法和处罚有关的词语或较强烈的措辞，更找不到违反本规范的处罚措施。萨班斯法案是由美国国会出台的法案，法案具有强制性。我国出台的内部控制规范不仅范围狭窄，法律地位也不高，在强制性上逊于美国。在美国，正是要求 CEO、CFO 对内部控制报告上签字以承担相应的法律责任，起到了极大的震慑作用（孟焰、张军，2010）。

对此，为提高公司高管的责任意识，推进内控建设的顺利进行，强化公司高层担负内部控制的责任，减少企业风险，我国应当在法律层面上明确企业如有不提交内部控制报告或做虚假记录的情况，通过法律明确规定违反上述职责所应追究的责任。本书认为，首先要进行立法，并加大惩处力度，这样才能从法律层面上起到威慑力，并以此来规范内部控制标准的制定、实施范围、效力等问题，为顺利执行奠定法律基础。这样，一方面能够引起上市公司更为广泛的重视，另一方面也对那些不执行规则或者不严格执行规则的上市公司予以处罚提供法律依据。

第六章　小型企业内部控制遵循成本优化途径

美国公众公司会计监察委员会主席唐纳德森（Donaldson）承认，遵循萨班斯法案404条款是一个耗时和昂贵的过程，即使对于那些已经拥有良好内部控制系统的企业来说，将内部控制系统记录下来并将其与基准内部控制框架相对照也是一个令人生畏的工作。对于小企业而言，这更是一个复杂的工程。艾哈迈德（A. S. Ahmed，2010）的研究也表明，萨班斯法案给公司带来成本上的影响，尤其给小公司带来很大的影响。洛德和贝努瓦机构（Lord & Benoit，2007）的一份报告估计，小型公众公司的平均遵循成本大约为78474美元。SAP对小型企业的调查也说明了萨班斯法案对其财务的影响，根据这份调查，参与调查的18%的企业被迫削减在营销、调研和扩展能力方面的投入，转而将资金用于实施萨班斯法案之中。另外，据洛德和贝努瓦报告（Lord & Benoit，2007）显示，对非加速披露公司而言，仅遵循萨班斯法案404条款对管理层评估要求的平均成本估计达到53724美元。①

---

① Bob Benoit and Kristina Benoit Lord& Benoit Report, "Naicannual Financial Reporting Model Regulation", *Journal of Business & Economics Research*, June, 2007: pp. 1 ~ 42.

由于中小型公司内部资源有限、专业技术能力匮乏以及对正式的内部控制框架缺乏了解，执行萨班斯法案404条款时将面临更大的困难，所要花费的遵循成本可能将占收入更大的比重。中小型公司执行萨班斯法案404条款面临的过高成本问题，也是有关萨班斯法案讨论的焦点问题，引发了美国社会各界的争议。当时美国证券交易委员会的财务部主管艾伦·贝勒说，保证对小型公司进行证券监管的利益大于成本，对经济以及对发挥小型公司提供更多就业机会和实现充分就业的作用是非常重要的。

尽管美国反虚假财务报告委员会赞助委员会（2006）发布了《小型公众公司财务报告内部控制指南》，许多人质疑它改变小型公众公司执行萨班斯法案404条款要求相应的不成比例的成本和负担或成本与收益的不平衡的能力。那么中小企业如何有效地降低遵循成本就成为企业和监管层均重点考虑的问题。本章在对美国小型上市公司萨班斯法案404条款执行成本的基础上，分析小企业在内控实施方面的优势和劣势，并提出了降低小企业内控遵循成本的多个途径。

一、美国小型上市公司内控执行成本情况

美国审计总署（GAO）于2006年专门发布了一份题为《萨班斯法案：中小型上市公司执行中所需考虑的重要原则》的调查报告。该报告指出，中小型公司执行萨班斯法案的成本相对于其收入而言，已经不成比例地高于大型上市公司的执行成本，特别是在有关萨班斯法案404条款的内部控制报告以及相关审计费用方面。大公司与小公司的唯一区别是大公司的较大营业收入使其能够吸收这些成本。另外，有些成本与企业的大小无关，比如软件购置和外包费用，其不会随着企业大小而相应增减，只不过小企业被

迫花费其年收入中的更大比例才能做到（沈杰·安南，2008）。正如美国反虚假财务报告委员会赞助委员会（2006）所言，尽管所有的公司都要发生增量成本来设计和报告财务报告内部控制，较小型公司的成本在比例上可能更高一些。

查尔斯河联营公司曾经调查了2004年和2005年美国萨班斯法案404条款大小型上市公司执行成本的情况，具体数据如表6—1所示。

从表6—1通过对于上市公司萨班斯法案404条款执行成本数据的分析可以看出：

（一）虽然大型公司执行成本远高于小型公司，但执行成本占收入的比重却远远低于小型公司

如表6—1所示，大型公司针对萨班斯法案404条款的执行成本总额在2004年和2005年分别为851万美元和477万美元，远高于小型公司针对萨班斯法案404条款在2004年（124.1万）和2005年（86万）的执行成本总额。但大型公司萨班斯法案404条款执行成本占收入的比重却远远低于小型公司执行成本占收入的比重，前者在2004年和2005年分别为0.11%和0.05%，后者在2004年和2005年分别为0.38%和0.24%，前者均大大高于后者。

表6—1 萨班斯法案404条款大小型上市公司执行成本数据对照表

单位：千美元

类型	大型上市公司（市场流通市值超过7亿美元）			小型上市公司（市场流通市值在7500万美元至7亿美元）		
成本	2004年	2005年	变化幅度	2004年	2005年	变化幅度
执行成本	8510	4770	−43.9%	1241	860	−30.7%
公司平均收入	792000	882000		32423	35968	
执行成本占收入比	0.11%	0.05%		0.38%	0.24%	

（二）大型公司的执行成本下降幅度要高于小型公司

如表6—1所示，总的萨班斯法案404条款的执行成本都有了大幅度的下降（包括内部审计费、第三方的独立审计费和萨班斯法案404条款规定的特殊审计费），但是，大型公司2005年较2004年执行成本的下降幅度为43.9%，高于小型公司的30.7%。

（三）虽然大型和小型公司这两年执行成本占收入的比重呈下降趋势，但大型公司这一比例的下降幅度大大高于小型公司的下降幅度

如表6—1所示，大型上市公司2005年总的执行成本占公司的总收入的0.05%，比2004年的0.11%下降了0.06%；小型上市公司2005年总的执行成本占公司的总收入的0.24%，比2004年的0.38%下降了0.14%。同时，大型上市公司2005年萨班斯法案404条款总执行成本下降43.9%，远高于小型上市公司2005年度萨班斯法案404条款总执行成本下降的30.7%。

另外，小型公司的审计费用增长幅度也较大型公司要快。美国审计总署（GAO，2006）的调查发现，不同规模的公司，审计费用占收入的比重不同，规模越大的公司，审计费用增加的比例越低。萨班斯法案之后，规模不同公司审计费用增加的幅度不同，市值在7500万美元以下的小公司，尤其是披露了内部控制报告的小公司的审计费用增长最大，由2003年占收入比重的0.64%增加到2004年占收入比重的1.14%。而同期市值在10亿美元以上的公司仅从0.07%增加到0.13%。

从大小型上市公司的内控执行成本对比可以发现，小型公司和大型公司的执行成本负担程度不一，小型公司相对负担过重，

并且在随后年度这一比例的下降幅度也较大型公司小。由此可见，执行萨班斯法案 404 条款给小公司带来的负担明显要大于大公司。

由于小型公司在获取特定资源方面比大型公司困难，小型公司的执行成本虽然没有大型公司的绝对值高，但是其成本所占的公司收入的比例比大型公司所预期的要很多，成本的负担要沉重得多。就如代表近 3000 家高科技公司的美国电子协会在 2005 年 2 月发表报告所显示的，对于中小企业来说，执行成本的作用就如同递减税负，因为收入越少，执行成本占的比例越大。

对于小规模上市公司来讲，由于可以利用的资源更少，规模经济效应也低，相对来说，它们执行萨班斯法案过程中可能面临更大的平均成本和更低的平均收益。但相对大公司来说，小公司更不规范，舞弊的可能性更大，而且小公司建立、维持和评估内部控制的成本是固定的，缺乏人力资源执行相应的会计工作，对复杂的审计准则的接受和理解困难更大，萨班斯法案的规范可能给小公司带来更大影响（陈小林，2008）。中小型公司执行萨班斯法案 404 条款面临的过高成本问题，也是有关萨班斯法案讨论的焦点问题，引发了美国社会各界的争议。

与大型企业相比，小企业在内控方面具有如下特点：①业务领域较少，每个领域的产品较少；②规模较小，业务流程比较少，特别是交易处理系统和规程不太复杂；③营销渠道和地域比较集中，分支机构较少；④由拥有大量所有权的管理层来直接控制企业；⑤组织结构简单，员工数量较少，很多人员的职责范围较宽，并且大部分都同时担任多个职务；⑥公司内部事务的处理程序比较灵活，较少依靠规章制度；⑦保持内部资源有效结合和支持性员工较少。小型企业的上述特点决定了小型企业在执行内部控制的成本劣势和优势。

二、小型企业在内控遵循方面的成本劣势

（一）业务规模的不经济

一个普遍的事实就是小型公司处在规模经济曲线的下方，从产品或提供服务的单位成本的角度看，通常如此。规模经济通常是与支持性职能有关的因素，包括那些与财务报告内部控制直接有关的职能。比如一家亿级的公司建立内部审计职能花费占公司资源的百分比，可能比数十亿级的公司要高。内控的有些投入并不会随着公司规模大小而同比例的变化；同时，在内部控制的建立、测试和记录等工作中，小企业有时候无法像大企业那样获得一定的"规模效应"，相对地投入成本也会比较高（林妹，2008）。

（二）内控相关人员的技能不足

大型企业自身就拥有很多有经验的员工，而小企业可能缺乏内部实施内控所需要的人员。因此通常需要更多的外包服务，这样可能会导致额外的财务压力。人员技能不足使得小型企业需要协作或外包以提供所需的技能，造成小型公司的相对成本一般总会比大型公司更高。

（三）实施内控需要完善的工作更多

小企业的内部控制较多不通过正式的内部控制活动，这样，小型企业在建立和完善内部控制的过程中需要完成工作相对比较多，由此发生的支出也会增多。

（四）难以做到不相容职责的分离

小型企业在持续遵循法案方面均很难配置财务资源，因为企业人员较少，很难做到不相容职责的分离，也不容易设立独立审计委员会。对内控的持续遵循要求企业建立独立的审计委员会，并且与财务信息相关的活动要做到充分的不相容职务分离。而小企业由于人员较少，这些要求均很难做到。为实现职责分离，小企业需要投入的资源会更多。

（五）目前的内控框架不太适合小企业

由于小企业自身的特点，一般性的内部控制框架对其可能不太适用。在内控设计和审计中，往往造成内控建设和审计程序和工作量与大型企业一样。目前缺乏清晰的小型企业内控建设和审计指南。

（六）获得充足的资金难度很大，财务负担更重

由于小企业筹资能力有限，尤其在首年执行内控时，往往面临着支出较大和资金紧张的问题。为了执行内控会影响企业在其他业务方面的支出，从而进一步影响了企业的营利能力。

（七）管理人员直接插手造成目标已实现的假象，使风险增加

因为管理人员直接参与商业流程，他们有可能不顾流程而制造出一种看起来合规的假象。这样做不仅会将企业置于风险之中，同时也与萨班斯法案的精神背道而驰（美国反虚假财务报告委员会赞助委员会，2006）。

三、中小型企业在内控遵循方面的成本优势

尽管目前对于小企业实施内控的研究主要集中在其可能遇到的问题和障碍上，但是应当注意的是，小企业在执行内控时的优势也很明显。

（一）人工成本方面

中小企业由于拥有较少的员工，同时还可以通过临时工和可变薪酬计划将固定成本转化为变动成本来节约成本，这可使小型企业在内控实施方面具有一定的人工成本优势。

（二）市场集中优势

小型企业由于市场较为集中，这样可减少对产品、区域和复杂程度的过多关注，获得集中竞争的优势。不像大型企业，实施内控不必把过多的精力从对现有业务的转移开，这样就会减少由于内控的实施对主业经营和生产效率下降的影响。

（三）有效的沟通优势

包括高级管理人员的管理幅度较宽，能够更直接地接触公司的员工，同时工作关系更为密切，互动更为频繁，有助于促进充分和及时的沟通；采取的沟通方式非正式的会议，小型企业的内部控制信息沟通成本较小，沟通的形式多样、成本较低；管理人员与董事会的沟通比较频繁；公司结构和经营业务可能不太复杂，需要沟通的信息不复杂等等，同时，这些沟通优势有助于减少复杂、正式信息系统的投入。

（四） 比大企业更容易控制

因为无论公司的规模、业务和机构集中、员工较少，使得小企业比大企业更容易控制其实施内控的过程，因此从控制效果来看，大型企业的许多控制措施就没有必要，为此也会减少相应的支出。

（五） 中高级管理人员对企业的了解更透彻

由于企业规模小，小企业更容易让高级管理人员参与到实施内控的相关控制中。因此，要保证首席执行官和财务总监签署关于财务文档准确性的要求，设立相应较少的控制点就足够了（沈杰·安南，2008），对应控制点的支出也会大大减少。

四、小型企业内控遵循成本优化途径

为了在合理成本的前提下实现有效的内部控制效果，小企业在设计、执行和评价财务呈报内部控制的时候，应当充分考虑其自身及其内控的特点，寻求降低内控遵循成本的途径。笔者认为，除了常用的建立清晰的目标，采取自上而下的风险评估方法，测试关键控制，加强外审对内审工作的利用等，降低遵循成本的一些与大型企业类似的共性途径外，本书拟借鉴加拿大控制基准委员会模型、美国反虚假财务报告委员会赞助委员会的《小型公众公司财务呈报内部控制报告指南》以及日本的《关于财务报告内部控制审计的实务处理》、《内部控制报告制度相关的问题和解答》等文献的原则和方法，并结合小型企业的特点，来探讨对小型企业优化内控遵循成本的途径。

（一）小型企业内控体系的延期执行，获得一定的时间推迟好处

中小企业延期具有诸多好处。这些好处能够有效地降低内部控制的遵循成本。好处包括：①有更多的时间做资源上的准备和计划；②能够受惠于其他公司的实施经验，并能够从大公司在首年实施中所犯的成本高昂的错误中吸取教训，因此能够节约一些金钱和时间；③IT 产品、外包商、审计等相关行业费用对小企业也会相应低廉一些，因为他们不急于赶时间底线；④内部控制服务供应商也需要时间规划自己，提供效率，由于大企业在小企业实施萨班斯法案时已经处于遵循的维持阶段，也会降低对服务提供商的竞争而受益，这些都会对小企业产生更大的价值（沈杰·安南，2008）。① SAP 软件公司进一步调查了延期对小企业带来的时间中获益，这些获益包括：①54% 的企业重新评估了计划，对计划阶段投入了更多资源；②53% 的企业雇佣了外部顾问来设计实施计划；③10% 的企业希望可以豁免遵循。自从萨班斯法案，特别是萨班斯法案 404 条款实施以来，它的反对者们最大的一个担忧就是其高昂的执行成本将给上市公司，尤其是小规模的公司带来沉重的负担。在美国，美国证券交易委员会屡次推迟小企业执行萨班斯法案 404 条款的时间，实际上也是出于这方面的考虑。

（二）内控建设时权变选择规范化控制和非规范化控制，减少大量规范化控制带来的高成本

在内部控制设计时，可以选择规范化控制或非规范化控制来

---

① ［美］沈杰·安南：《萨班斯—奥克斯利法案精要》，曾嵘译，中国时代经济出版社 2008 年版，第 122～125 页。

保证其流程的控制效果。采取规范化控制，企业能够逐渐在实施内控实施过程中建立明晰的组织结构及落实其职责。只要实施合理，规范的流程能够为全体员工提供清晰职责描述和期望值；同时，规范化控制该能够保证内控完善的实施，不存在漏洞。而非规范化控制则很难一贯执行。但它优点就是灵活，并且有时也很省钱。但是，企业是否采取非规范化控制，取决于企业的组织特征，如果企业管理人员能够直接与经营活动全面接触，那么这类小企业更适合于采取非规范化控制。

值得说明的是，无论大小，萨班斯法案要求对文档及控制有效性进行规范评估，因此所有企业均应实现最低程度的规范控制（沈杰·安南，2008）。中小型上市公司的控制手段可以比较灵活，可以使用相对非正式的方式实现内部控制目标，不必追求形式上的正式（林妹，2008），这样就可以减少内控的遵循成本。

（三）小型企业内控设计时应充分考虑内部控制的整体遵循情况，不应过于局限于某些执行成本较高的控制点

美国反虚假财务报告委员会在 2006 年发表了《财务报告内部控制——小型上市公司实施指南》，其将内控看做一个完整的系统，它允许小企业调整实施做法而不需要改变商业流程来适应实施的要求，特别是对小企业应更关注于内控的整体遵循。美国反虚假财务报告委员会赞助委员会（2006）认为，了解内控时应通过协调合作来共同保证财报的准确性，而小企业因为规模小、管理层级少、沟通及时等特点可以更好地整合其实施的努力。比如在一个大企业的控制系统中，每个单独的控制点均需要保证文档结果的最佳准确性，就可能存在过度开发的问题，也就会花费更高的成本。如果小企业意识到可能存在某个控制点的薄弱，但只

要其他控制点能够防止财报所受到的不利影响，我们仍然可以认为系统整体有效。小企业需要意识到的是，不需要每个控制点时刻处于完美状态，系统的整体有效更为重要。这样小企业可以在能够实现同一控制目标的控制措施之间进行权衡，选择实施成本最小化的措施。在此基础上，小企业才能够更好地建立具有成本效益的内控实施计划。

（四）小型企业可减少控制文档的数量，减少大量文档记录带来的高成本

查尔斯河联营公司（2006）的调查表明，萨班斯法案404条款实施的第二年企业的内控遵循成本有较大程度的减少，一个重要的原因在于第二年很多企业无须再重复第一年的文件归档工作。调查表明，26%的小公司的审计师和32%的大公司审计师认为这也是随后年度内控遵循成本降低的最重要的原因。[1]

尽管内控在一定程度上会需要内控文档，其数量却应当反映企业的复杂程度及规模。记录的程度和性质在不同公司相差甚远。大型企业有更多的经营活动需要记录，或者财务报告过程复杂性程度更高，因此有必要记录等更为广泛。但是，对小企业来说，因为规模较小无须达到与大公司数量相同的文档要求。同时，小企业具有人员少、管理互动强的优势，商业结构也相对简单，紧密的工作关系以及较少的管理层级等等这些特点，这些特点可大大减少小企业在财务报告有关控制方面大量的文档要求（沈杰·安南，2008）。例如小型企业可以通过以下措施来减少控制文档的

---

[1] CRA, "International Sarbanes-Oxley Section 404 Costs and Implementation Issues", Spring 2006 Survey Update, Apr. 17, 2006: p. 10.

数量：①通过及时的沟通，就可以不需要更为详细的政策来引导员工更好地执行控制；②管理者通常直接参与执行控制程序，能够通过直接观察来判断控制是否有效运行，而对这些程序的记录能够达到最低限度就行。但是，应该注意的是，小型企业必须有记录，能够使管理者获得有关内控特别是会计系统和相关过程是否设计良好并有效运行。

笔者认为小企业在记录控制文档时，需要明确以下问题：①了解充分和运行适当的信息，一般应当记录内控特别是会计系统中的主要过程和重要的控制活动，以支持某项认定，而不是其他信息；②在考虑所记录的数量时，应当考虑记录的性质和范围，这与流程重要性和主要环节会有所不同；③应当考虑支持控制运行有效性的记录很可能被外部审计师用作审计证据的一部分，如某些信息能够被外部审计师所利用在设计和执行时就应被记录；④在设计内控时管理层要尽量从正常经营过程中获得证据，而不是随后补证据或额外地增加某些记录；⑤小型企业管理层承担了较高水平的个人风险，因此文档记录的内容和数量可能与个人判断和风险承担相关。另外，注意的是控制过程不能完全在 CEO 或 CFO 的头脑中执行，而不记录思考过程和分析，这是小型企业的通病。因此，对于重要的控制过程，特别是财务系统的控制应当给予重点记录。

（五）建立补偿性控制措施，解决不相容职务无法分离的高成本问题

在实务中，小企业往往由于人员较少，无法达到充分的职责分离，这造成了其在实施内控中的困难，也使得为了满足监管要求而不得不增加人数以实现不相容职务的分离，加大了其实施的成本。小企业无法实现高度不相容职务分离的情况下，可通过建立针对这一薄弱环节的补偿性控制措施，实现合规经营和实施有效控制，这些控制措施包括：①实施检查性控制，即针对具体操作业务的员工不能达到不相容职务的分离，管理人员需要仔细检查每一笔交易，这种检查能够及早发现问题并予以修正，比如管理层检查细节交易的系统报告，复核账户余额调节甚至亲自进行账户余额的调整等。②加强资产清查，即针对资产清查方面缺乏不相容职务的分离，管理人员应当定期清点实物存货、设备或其他资产，并将其与会计记录进行核对。这样企业就能够核对资产和记录的匹配性，一旦发现问题及时采取措施。③加强监督性措施，即当实施具体的控制措施成本较大时，可以通过内审部门或其他部门的日常监督来实施有效的控制。同时，针对不相容分离程度的问题，美国反虚假财务报告委员会赞助委员会（2006）建议采取增加控制点而非增加人员的方法解决。

（六）利用控制目标之间的替代性，寻求实现同样控制效果而成本较低的控制方法

内部控制的实现目标包括企业经营管理合法合规、资产安全、财务报告及相关信息真实完整，提高经营效率和效果，促进企业实现发展战略。这些目标并不是绝对独立，在诸多情况下是相互联系的。比如资产盘点既是实现资产安全目标，也是实现财报目标的重要手段；战略目标更是和经营合规合法、经营效率和效果目标紧密联系在一起的。另外，各目标也存在一定的替代关系，比如对某些行业来说，战略目标在很大程度上就是经营合规合法；对于某些资产比较重要的企业来说，资产安全目标的实现也就是对资产类会计信息真实完整的实现。这样，鉴于内控目标之间的相互联系性，特别是它们之间的相互替代性，企业在设计内控时

就可以在达到同样控制效果的目标之间进行选择，从而寻求内控遵循成本最低的途径。在财报目标和其他目标之间的选择，美国反虚假财务报告委员会赞助委员会（2006）也认为，由于内部控制是相互关联的，主要为财务报告目标建立的内部控制也能够支持公司的经营和合规目标，反之亦然。因此，考虑主要针对经营和合规目标的控制对财务报告的影响也会有帮助。

（七）鉴于内控五要素之间相互替代性，进行合理的要素搭配组合以减少实施成本

内控五个构成要素中任何一个都不应当被认为能够独立完成各自的任务，这些构成要素应被看做一个整合的系统，共同致力于将可靠的财务报告有关风险降到可接受的水平。虽然内控的五个构成要素都必须存在和有效运行，但并不意味着与所有类型的业务处理相关的控制活动的所有要素都必须同等重要的有效运行。内控的这五个构成要素是相互关联的，它们在将风险降低到可接受水平的过程中相互支持。另外，一个构成要素中的强有力控制可以降低对另外一个构成要素中的控制的需要。构成要素之间存在某种权衡，因为：①控制可以服务于多种目的，一个构成要素中的控制可能有助于实现一般出现在该构成要素或其他构成要素中的控制的目的；②不同的控制在应对特定风险的程度上可能存在差别，而各自的效果都很有限的多项控制结合起来，可能会收到令人满意的效果，所以，管理层应当充分考虑每个内部控制构成要素对充分降低风险的贡献。有效的内部控制并不意味着要将"黄金标准"的控制建立到每一个活动之中（美国反虚假财务报告委员会赞助委员会，2006）。一个构成要素中的控制可以被针对该要素的其他控制或者其他构成要素中足够强大的控制所弥补，进而控制的整体性足以把错报风险降低到一个可接受的水平，各要素之间的合理搭配可以大大地减少成本较高的控制措施，增加成本较低的控制措施，从而在保证控制效果不变的情况下，有效地降低内控的遵循成本。

（八）重点进行财务报告内控的建设，强调阶段性和逐步性以减少短期成本

在我国，内部控制规范体系的贯彻实施是一项复杂的系统工程，特别是小型企业，更需要分步骤、分阶段地进行内控体系建设。笔者认为，小型企业首先应当实施财务内控（ICFR）建设，避免范围太广造成短期成本过高，同时也有助于提高实施的实际效果。在美国反虚假财务报告委员会赞助委员会建设中，应重点考虑以下因素：合理划分财务内控设计、执行、评估以及报告四个阶段的工作；忠实地记录实施财务内控的过程；结合文件记录，发现并评估财务内控的缺陷并进行纠正等等。除此之外，鉴于中小企业可以运用的资源有限，管理层应将时间、精力等主要集中在实施财务内控的关键问题上面，例如风险评估、重大缺失等问题，以减少内控实施的成本。比如由于重大缺失的存在常常导致更加昂贵和耗时的审计（Jian Zhang & Kurt Pany，2008），因此中小企业更应当重视重大缺失问题，管理层在实施财务内控以及在评估其有效性时，应当将其视为一个意义重大的个别控制类别予以足够重视，并结合本企业的实际情况对一些导致重大缺失的因素或环节进行重点监控（王瑞，2010）。

（九）加强企业内部环境建设，从根本上保障内控的实际效果

从目前小企业内部控制的现状来看，许多企业缺少内部控制的良好意识，企业主和高层管理人员往往不重视内部控制或频频越过内部控制。在小企业中营造良好的控制环境，将会在不过多增加控制成本的前提下，极大地提升内部控制的效果。为此，本书认为，小企业应当重点加强以下几个方面的内控环境建设：①强调经营的合规性，包括高度重视道德和诚信；所有人员均应该了解合规的重要性，同时应将企业的商业目标、管理风格、组织结构、雇佣决定等应与合规经营相结合；加强培训，使全体员工了解合规和诚信重要性；②加强内控方面的企业文化的建设，特别是将内部控制的观点通过企业文化的方式在公司内部传播，使员工了解控制责任和控制知识，可以在不提高成本的情况下达到内部控制的效果（林妹，2008）；③优化组织和管理机构，提高企业管理者的素质，将控制责任和控制理念融入企业文化之中，防止关键人大权独揽、任人唯亲和排斥异己的现象发生，并应配备与承担的职务相适应的高素质人才，加强考核和奖惩力度，对员工实施素质控制，形成合理的人力资源机制，减少人为因素造成内控风险的发生。

（十）利用小企业的优势，构建形式多样、低成本的沟通机制

小企业由于人员较少，这样内部交流不需要借助昂贵的系统就可以有效沟通。因此，只要建立清晰的框架和时间要求来确认、寻找、向相关人员传递信息，小企业就能够保证内部控制信息和目标及时准确传播（美国反虚假财务报告委员会赞助委员会，2006），从而降低内控的信息系统构建支出。本书认为，小企业利用如下其自身优势，加强内部信息的沟通：①小型企业组织结构和经营业务不太复杂，需要沟通的信息也相对并不复杂；②小型企业的管理人员与董事会的沟通相对比较频繁；③小企业高级管理人员的管理幅度较宽，能够更直接地接触公司的员工，这样工作关系更为密切，互动更为频繁，有助于企业内部的及时沟通；④采取的沟通方式可采取非正式的会议，而大公司则需要正式的机制，包括书面报告、内部网络、定期的正式会议或电话会议来沟通，相比而言，小型企业的信息沟通并不需要很多的正式沟通机制，这样实施的成本也就较小；⑤在举报机制上，小公司的员工可直接向审计委员会或董事会报告，而大型企业则可能会首先向内部职能部门报告，视情况再向管理层或董事会报告。相比大企业，小企业的举报效率和效果可能更好。由于中小型上市公司的规模较小，组织结构比较简单，管理层级较少，所以其内部沟通比大企业更易达成，效果也较好（林妹，2008）。

（十一）建立高效的监督和评价体系，实现持续、高效的监督以降低内控的实施成本

高度有效的监督活动可以弥补其他要素的某些缺陷，并且可以更敏锐地指引评估工作，以提高整体效率（美国反虚假财务报告委员会赞助委员会，2006）。对中小型企业来说，由于其规模小，企业的高级管理者对企业更为熟悉，可以直接为财务报告过程提供有效的监督（林妹，2008），这也是小企业的优势。本书认为，小企业应当特别加强董事的监督，因为较小型公司通常有着相对简单的经营业务和不太复杂的企业结构，从而使董事能够对经营活动获取更深入的了解。由于小企业的董事可能在公司的演进过程中就已经密切地介入公司，对公司的历史有深入的了解，加上与各级管理人员的经常接触和频繁沟通，有助于董事会及其审计委员会以非常有效的方式履行监督财务报告的职责（美国反虚假财务报告委员会赞助委员会，2006）。同时，在评价环节，企业由于规模小，所以可让参与修补控制薄弱环节的员工能够及时理解并及时校正存在的内控问题，从而可以提高内控评价的效率和效果。更为重要的是，如存在高度有效的监督活动，就可以在构成要素之间以及评估工作所针对的范围内作出权衡，从而实现更高的整体效率（美国反虚假财务报告委员会赞助委员会，2006），也就是说，高效的持续监督及评价系统，能够减少对其他要素的过多需求，从而可以减少内控的遵循成本。

另外，缺少明确的内控建设指引在实务中也造成了诸多小型企业照搬大型企业的内控建设内容来实施内控，会使得小型企业的内控实施成本巨大。由于小型企业的特点，其内控建设具有一定的特殊性，也具有一定的自身优势，如何根据其特点并恰当利用其优势，避免其劣势，合理设计和实施内控等方面的问题应当给予明确。作为配套的政策，我国可以借鉴美国反虚假财务报告委员会赞助委员会的《小型公众公司财务呈报内部控制报告指南》，针对中小型上市公司的特点额外制定一个内部控制规范。与之对应，对会计师事务所而言，提供缺乏清晰的审计指南，也可能会造成审计程序和工作量与大型企业一样，这也会增加审计资源的投入，并使得审计费用的增加。丹尼尔·戈尔泽（Daniel L. Goelzer，2006）认为，小公司不需要和跨国公司一样类型的控制或一样的审计过程，注册会计师的工作应该反映这种事实。采用同一标准的方法意味着一些注册会计师可能已经把为大型跨国公司设计的昂贵审计程序应用在较小的公司上，这种做法是不合适的。[①]本书认为，我国制定小型企业的内控实施指南和小型企业内控审计指南对应降低小型企业内控建设成本和审计费用都具有重要的意义。

---

① 刘晓嫱、杨有红：《萨奥法案404条款的最新进展及其理性思考》，《会计之友》2006年第3期（下）。

第七章　内控遵循的成本收益分析

在美国，尽管萨班斯法案 404 条款确实有助于改善公司内部控制，提高公司财务报告的可靠性，从而重建投资者对美国证券市场的信心。尽管美国证券交易委员会一再声称，从长远角度看，一旦发生公司丑闻，投资者的损失将远远超过公司目前付出的成本，因而针对萨班斯法案的合规性备案工作能够带给美国公司的利益，远大于现在公司所消耗的时间和金钱。然而，单纯只考虑会计规范本身的科学性和技术性而忽视其经济后果性，必然使其面临重重压力，在实际执行中举步维艰（邱月华，2007）。成本收益原是经济学中一个最基本的理性概念，表现为理性的经济人总是以较小的成本去获得更大的收益，也被认为是经济活动中的普遍性原则和约束条件，本书认为，成本收益原则也同样适用于企业建立内部控制以及监管层制定相关的内控政策。

对企业而言，在体现价值最大化的经营管理理念的环境中，企业不得不考虑内部控制的成本与收益问题，在建立和实施内部控制时，在可能获得的收益与不设置相应控制产生的损失之间作出理性的判断，进行权衡和取舍。另外，对监管层而言，任何法律制度的实施必然会涉及收益与成本的均衡问题。内控规范中的各项规定，一方面，要实现法案制定的最终目的，即要提高公司披露的准确性和可靠性，保护投资者利益；另一方面，内控体系的实施必然带来实施成本。一个法案或制度的有效实施，只有在收益与成本均衡的条件下才能产生实际的影响。内部控制所应遵循的成本收益原就是只要企业建立和实施内部控制的收益大于其成本，就是经济合理的，就应当设置和运行该项控制；反之，则不应当采用该项控制。

美国反虚假财务报告委员会赞助委员会（2006）认为，尽管评价和报告内控所产生的增量成本已经成为公司的许多利益相关者首要关注的焦点，但权衡成本与相关收益会很有帮助。因此，我们不但要考虑内控的遵循成本，还应当考虑其收益。在美国，各界对实施萨班斯法案的成本收益存在很大的争议。那么在我国对《企业内部控制配套指引》的成本收益分析，对企业和监管层来说，对内控的成本收益进行分析都具有积极意义。在我国，内控的成本收益研究可能是未来研究的方向之一（陈少华、陈爱华，2011）。

一、内控遵循的收益

上市公司内部控制体系的建立和相关信息的披露，其受益的主体很多，包括企业、投资者、债权人、国家等。本书主要从企业的角度，也就是从内控体系执行者的角度来分析，企业遵循内控体系给企业带来的收益。根据目前国内外的研究，内控遵循的收益主要集中在以下几个方面：

（一）投资者信心的增强和企业价值的提升

在证券市场上，投资者始终处于一个信息不对称的劣势，个人投资者唯一的内部控制信息获得渠道就是企业的披露。披露内部控制信息能使他们避开风险，了解财务信息的产生过程，确保企业所提供财报的质量。因此，内部控制信息披露可缓和信息不对称，给予投资者一个对企业更全面的认识视角并据此作出更合理的判断。美国反虚假财务报告委员会赞助委员会主席赖瑞·李敦白（Larry Rittenberg）认为执行萨班斯法案一大好处是有利于投资者对资本市场信心的恢复和公司内部控制的显著提高。

萨班斯法案的第一句话是"遵守证券法律以提高公司披露的准确性和可靠性，从而保护投资者及其他目的"，由此凸显该法案的首要目的——保护投资者利益。有效的财报内部控制支持可靠的财务报告，而后者能够增强投资者提供充足资本的信心。美国的监管机构认为，萨班斯法案404条款的内部控制要求能产生高质量的财务报告（Donaldson，2005）。众多调查报告均显示，大多数上市公司都认为，萨班斯法案404条款有助于加强公司内部控制的建设并提高其内部控制的有效性，从而增强投资者对公司财务报告数据的信心。

根据美国财务经理协会的调查，越来越多的上市公司也肯定了萨班斯法案404条款在提高财务报告的质量，增强投资者对财务报告信心方面的作用，有助于建立良好的投资者关系。①

监督系统公司在2004年就执行萨班斯法案对泛美的222家公司的财务经理展开的调查研究中，针对萨班斯法案有何遵循价值，57%的财务经理认为对投资者来说是一项利好——37%的财务经理认为增加了投资者的价值；25%的公司财务经理认为遵循法案

① FEI, "Survey on Sarhanes-Oxley Section 404 Implementation", March, 2005, March, 2006, May, 2007, http: //www. baidu. com/link? url = a78b9b30fc293c5e471ef23de092fddc99e9c5ce6808bde962cd828ce19848262c0ea1fd758aad9137fa1ace6cffde1147a71d06b532c1bdb715f7ec171a4b51843271cec0f0ed88e12a.

重建了整个市场的信心，从长远看提高了投资者的价值。而 14%
的公司财务经理认为遵循法案的高昂费用限制了其派发股利的能
力，33% 的公司财务经理认为遵循法案的巨大成本压力从而降低
了股票的市场价值。[①]

查尔斯河联营公司 2005 年春季调查显示：萨班斯法案 404 条
款为人们所津津乐道的一项最主要的益处就是，它提高了人们对
基于财务报告的内部控制的关注度，帮助公司鉴别内部控制存在
的缺陷并在短期内使得这些控制缺陷得以弥补，进而提高财务报
告的可靠性。[②]

洛德和贝努瓦报告（Lord & Benoit，2006）以美国 2481 家加
速申报披露公司作为样本，研究了其在 2004 年 3 月 31 日、2005 年
3 月 31 日和 2006 年 3 月 31 日的平均股票回报（这些时间代表了萨
班斯法案 404 条款执行前 1 年，执行后 1 年和执行后两年），发现
实施萨班斯法案后两年的内部控制均有效的公司的股票价格平均上
升了 27.67%，第一年内部控制低效，第二年内部控制有效的公司，
股票价格平均上升了 25.74%，连续两年内部控制低效的公司股票
价格平均上升仅为 5.75%。[③] 这意味着，萨班斯法案实施后，如果
公司改进了内部控制的缺陷，将能够获得更高的股票价格的增长。

总之，人们普遍认为，良好的内控体系可以增强投资者对公

---

① Oversight Systems ，"The 2004 Oversight Systems Financial Executive Report on Sanbanes-Oxley"，2004，http://www. oversightsystems. com/resources/case _ studies. php.

② CRA，"International Sarbanes-Oxley Section 404 Costs and Implementation Issues"，Survey Update，Dec. 8，2005：pp. 45 ~ 47.

③ Bob Benoit and Kristina Benoit Lord & Benoit Report，"Naicannual Financial Reporting Model Regulation"，*Journal of Business & Economics Research*，June，2007：pp. 1 ~ 42.

司的信心，股票价格的提高等目标，公司价值也随之提升（张琦，2008；黄祖平、陈映森，2008）。

（二）企业资本成本下降

高质量的财务信息提高了投资者的信心，这又会降低资本市场融资成本。这样，尽管萨班斯法案404条款的执行会增加公司的成本，但内部控制信息的披露可以降低信息不对称水平，减少信息风险，从而降低公司的权益资本成本。企业主动详细地披露其内部控制情况可以增加投资者或借款者对它的信心，银行或信用风险评级机构也会对应它的内部控制信息披露作出其风险评价的调整，从而降低企业的融资成本（张琦，2008）。财务顾问们主张投资者对内部控制存在缺陷的公司融资时要求风险溢价，信用评级机构则把内部控制缺陷当成是评级过程中的一个重要考虑因素（Wilfert，2005，Moody's Investor Service，2004；Fitch Ratings，2005）。按照这些观点，内部控制缺陷的存在会导致较高的权益资本成本。

目前的研究也证明了这一点。夏威夷大学的达斯古普塔（Partha Sengupta）做了一个102家公司的样本分析，发现1%披露指数的上升可以带来0.02%的借款成本下降，披露质量与资本成本呈负相关。但是也有研究表明，内部控制信息披露与公司权益资本成本之间不存在直接相关关系（Ogneva，2007）或者正相关关系（Beneish，2008）。而甚博—斯卡伏（Ashbaugh-Skaife，2009）认为，披露存在内部控制缺陷的公司其异质风险、系统风险和权益资本成本都更高，内部控制风险是公司异质风险和系统风险的重要决定因素，但审计师证实公司内部控制的有效性得到提高时（包括以前披露的内部控制缺陷得到补救），公司的权益资本成本在经济上和统计上都会显著下降。萨班斯法案302条款提出的 CEO 签字制度给资本市场提供了有效信息，提高了投资者对所利用信息的信心，内部控制健全的公司，权益资本成本显著更低。经验证据说明，萨班斯法案 302 条款和 404 条款能够给投资者提供更加可靠的财务报告，降低了股票发行者的权益资本成本，也降低了投资者的投资风险（陈小林、刘永泽，2009）。因为内部控制缺陷的存在将导致较低的会计信息质量，从而增加投资者的信息风险，较高的信息风险将导致较高的权益资本成本；同时，内部控制缺陷可能意味着公司总体管理控制较弱，增加了公司经营风险，也可能导致较高的权益资本成本（Ogneva，2007）。也就是说企业内控缺陷的存在与修正会使得企业的权益资本成本提高或降低，良好的内控有助于降低企业的资本成本。

（三）企业债务成本下降

金融机构在做贷款决策时，健全的内控体系也有助于降低企业的债务成本，但是否定的内部控制意见就会减弱资产负债表、收益表的重要性，降低了债权人对财务报表的信心，从而提高了企业的债务融资成本。有少数学者探索性研究了内部控制与债务成本之间的关系，比如基姆等人（Kim，2009）发现披露重大的、公司层面的内部控制缺陷的公司支付更高的借款利率，债权人会给缺陷公司强加严格的非价格条款。科斯特洛等（Costello，2009）的研究发现，如果公司存在重大内部控制缺陷，债权人会减少对财务承诺以及财务比率为基础的业绩定价条款的依赖，而倾向于使用抵押贷款来替代财务承诺，即使是内部控制缺陷得到改善，债权人还是会认为财务报告质量有缺陷。史奈德等（Schneider，2008）发现，如果公司获得否定内部控制意见时，将对债权人评估拓展最高信用额度的风险和可能性存在消极影响，即使是聘请国际"四大"审计师　也不会减弱这种影响。

（四）企业委托代理成本下降

在现代企业制度下，资本所有者和职业经理人之间形成的是委托代理关系。内部控制信息披露的目的在于表明企业的内部控制是否有效。建立一套完善并有效执行的内部控制是管理当局的职责。管理当局对本企业的内部控制最熟悉，最有能力对其进行评估。通过对企业内部控制的评估并将结果报告给投资者，实际上是向委托者证明自己已经尽了经营管理之责。内部控制信息的披露将更便于对所有者对管理者的监督，也能弱化中小股东所处的劣势，由此委托代理成本得以下降（张琦，2008）。

（五）优化业务流程，提高企业运作效率

美国反虚假财务报告委员会赞助委员会在1992年发布的内部控制整体框架以及2004年发布的企业风险管理整合框架中，均将保证经营活动的效率效果作为内部控制的目标之一，就是内部控制应促进企业经营的效率和效果，帮助企业实现目标。上市公司执行内控体系后，需要重新梳理企业流程，在这个过程中就可能发现一些设计或执行不完善的地方，从而对流程进行重新安排，去掉或改善一些无效的环节。从长远来看，这有助于企业降低成本、提高效率。比如，美国必能宝邮件设备公司第一年在加强内部控制上的执行成本为1200万美元，但由于机构的精简和生产效率的提高，该公司在第二年就节省了50多万美元。再如，美国基因技术公司（Genentech Inc.）为适应萨班斯法案404条款的要求，安装了新式的计算机系统。这让他们不仅加强了内部控制，而且有更多的时间分析数据，比如48小时内某一客户一共发来了多少

订单。在此之前，这家公司仅停留在信息收集上，很少对数据进行分析（肖莹莹，2005）。显然，这有助于该公司提供效率、改善经营。还有的企业反映，萨班斯法案404条款的意义在于内部控制机制有助于加强对员工的管理和培训。哈勃集团公司的首席财务官托马斯·怀特指出："一旦你将工作流程制度化，新员工一进入公司就会接受这一事实，企业的效率因此也就会得以提高"。①在2005年7月，普华永道对131家美国公司的首席财务执行官和管理部门经理所做的一项调查也发现，70%认为萨班斯法案404条款有助于更好地了解公司的流程及其控制情况；61%的被调查公司认为萨班斯法案404条款激励公司简化业务流程。②首席审计官协会也认为该过程将会更加地系统化，充分地将美国反虚假财务报告委员会赞助委员会内部控制——概念框架中的有关信息、交流和监控的概念贯彻的话，公司效率会显著提高。但是，在实践中，公司认为执行萨班斯法案404条款的本身并不是改进的过程，只是满足合法性的需要，因为在执行的过程中，公司都匆忙混乱地和审计师就文件归档和控制测试打交道，根本没有时间来考虑分析其他潜在的利润空间并予以实践。公司执行法案忽略了改进流程、自动化系统和剔除冗余活动等能够给企业带来增值的事项。大多数的公司都无视导致工作无效率的因素并对其进行修正等工作。因此，在内控实施过程中优化流程、提高企业运作效

---

① 肖莹莹：《美国大公司：遵守萨奥法案很划算》，《经济参考报》2005年11月21日。

② 普华永道会计公司：《萨班斯—奥克斯利法案404条款：在美国上市的亚洲公司在遵循404条款要求方面所面临的主要障碍（2005白皮书）》，2005年，见 http://www. petrochina/site/ICDOUT/pxgz/Doclibz/Forms/ALLItems. aspx。

率是减少企业遵循成本支出、提高内控遵循效率的有效途径。正如纳斯达克中国首席代表劳伦斯·潘在 2006 年中国创业投资中期论坛上所指出的，萨班斯法案是上市公司业绩常青的基础，其实施有利于企业的长远发展。[①]

（六）加强内部信息沟通，提高决策质量

内部控制有助于加强企业和职工的信息沟通，还能把各部门有机地整合在一起，实现各部门信息共享，从而使管理层能及时掌握企业的产销、库存等情况，并适时调整生产计划。此外，内部控制系统还能通过测评、报告形式为管理层及时提供行业分析报告，市场调查报告或者会计报表等信息，使管理决策有据可依。比如美国基因技术公司（Genentech Inc.）为适应萨班斯法案 404 条款要求，安装了新式计算机系统，这让他们不仅加强了内部控制，而且有更多的时间分析数据。比如 48 小时内某一客户一共发来了多少订单，在此之前这家公司仅停留在信息收集上，他们很少对数据进行分析。

美国反虚假财务报告委员会赞助委员会（2006）把提供可靠而及时的信息，以支持管理层作出诸如产品定价、资本性投资和资源调配等方面的决策；为处理跨组织交易建立一致的机制，以提高交易进行和结算的速度、相关记录的可靠性和数据的持续可信度；提升准确地与公司的商业伙伴和客户沟通经营业绩的能力和信心等作为有效内部控制的效益之一。正如田纳西州大学（Tennessee's）公司治理研究中心的主任和合伙创始人，同时是监

---

①　劳伦斯·潘：《昨日称萨班斯法案有利于企业长远发展》，《上海证券报》2006 年 7 月 14 日。

督系统公司的顾问约瑟·卡瑟罗（Joseph V. Carcello）所言，尽管执行萨班斯法案 404 条款的成本出奇高昂，但是强健的控制措施将使公司剔除浪费、陋习，为更好地进行决策提供更佳信息，并带来更高的收益。

（七）提高控制水平，降低企业舞弊的风险

内部控制有助于提高控制水平，降低企业舞弊的风险，目前诸多的调查和研究均表明了内部控制这方面的效益。比如，美国财务经理协会在 2005 年对 217 家上市公司所做内部控制收益方面的调查发现，79% 的受调查的财务经理表示，在遵循了萨班斯法案 404 条款以后，其内部控制水平相对以前有了重大的提高或者有一定的提高。另外，监督系统公司在 2005 年 3 月对 212 家美国的财务专业人士开展的调查研究显示，在执行萨班斯法案 404 条款的第二年，财务执行官报告萨班斯法案的执行降低了舞弊的风险，减低了错误的发生频率并改进了财务运作，其中 49% 的受访者表示舞弊和错误的风险降低了；31% 的受访者表示错误的发生率有所降低；分别只有 14% 的受访者和 12% 的受访者表示控制措施的变动对财务运作的切实影响不大和财务运作的效率反而降低了。再如，在 2005 年 7 月，普华永道对 131 家美国公司的首席财务执行官和管理部门经理所作的一项调查发现，76% 的被调查公司认为萨班斯法案 404 条款有助于促进公司提高内部控制；65% 的被调查公司认为萨班斯法案 404 条款有助于促进公司改善风险管理。在具体的企业实践中，加拿大帝国商业银行（CIBC）执行副董事、审计官布鲁斯·雷尼汉在给美国公众公司会计监督委员会的反馈电子邮件中指出，实施萨班斯法案 404 条款最重要的是，它提高了员工的控制意识和认知程度。更新后的有关财务报告的重要业务流程和关键控制，已

经成为很多业务单元有用的参考工具（孙轲，2006）。阿诺德等（Arnold，2007）通过案例分析探究萨班斯法案对中小企业的影响，研究发现，萨班斯法案对中小企业既有正面影响也有负面影响，正面影响是改进了中小企业的风险管理方法，而负面的影响是萨班斯法案的严格刻板规定，在不同程度上影响了中小企业生产经营的灵活性，生产周期、信息技术投资、供应链业绩，乃至市场竞争力也受到影响（陈小林、刘永泽，2009）。

（八）提升企业的无形资产价值

美国证券交易委员会在2005年上市公司准备执行内部控制报告的圆桌会议上，代表加利福尼亚公共雇员退休系统（California Public Employees Retirement System）的首席投资官表示，这家到2005年底拥有超过2000亿美元资产的机构愿意承担为萨班斯法案合规所付出的代价。因为，符合萨班斯法案行为将给他们带来巨额的无形资产（林郑丽慧，2006）。笔者认为，这些无形资产包括：①进入资本市场的能力。美国反虚假财务报告委员会赞助委员会（2006）认为，内控的遵循最重要方面的收益是公司进入资本市场的能力，资本市场可以提供企业资本以驱动创新和经济增长。②管理层整体道德风气的改变。萨班斯法案要求管理层加强对盈余质量承诺和公司诚实运营的证明，也驱动了管理层整体道德风气的改变。③公司治理的提升。如台湾半导体公司副总裁、首席财务官所说，实施萨班斯法案的确为加强内部控制提供了一个契机并证明了强大的公司治理价值。我们坚信通过财务报告加强内部控制的确为股东、员工和支持者提供了价值（林郑丽慧，2006）。根据美国审计总署（GAO）的调查报告，一些非上市公司也自愿性地采用萨班斯法案中的某些条款，以提高公司治理水平。通过建立完善的内控体系，企业可以获得诸多的无形资产，提升企业的公司治理水平、道德风气以及进入资本市场的能力，从而给企业带来持久的效益。

由此可见，内控体系的遵循可以企业带来诸多无形和有形的效益，有助于改善公司内部控制，提高公司财务报告的可靠性，防止舞弊行为的发生；保证企业资产的安全完整，避免因浪费、盗窃或不当经营决策而产生的损失；改善企业经营管理，提高经营效率，减低企业的融资成本以及提升投资者对企业的信心。

二、证券监管的成本—收益方法

在美国 20 世纪 70 年代至今，历届政府都在探索、改革和实施管制成本与收益分析的理念与方法，其目的是为了通过管制提高市场效率。国会在管制成本与收益的立法方面，在 20 世纪 70 至 90 年代初期，基本上持否定态度。在 1995 年以后却又表现出极大的热情，通过了十几个重要的管制成本与收益分析的法案。如在《1996 年小企业管制实施公平法》和《2000 年管制改进法》中，做了具体成本与收益分析的规定，管制制度发生了根本性改革。在美国，任何一种管制规章，生效前要进行成本与收益的经济分析，只有收益超过成本的规章才能被通过，生效后每年进行成本与收益评估，评估规章对经济产生的实际影响。政府最终从法律程序上改变了传统的命令与控制的管制方法，建立了成本与收益分析的市场管制制度（席涛，2003）。[①]

---

① 席涛：《美国政府管制成本与收益分析的制度演变——从总统行政命令到国会立法》，《中国社会科学院研究生院学报》2003 年第 1 期。

证券监管的成本收益分析（Cost Benefit Analysis，CBA）指的是以货币的形式量度某项证券监管的影响，通过评价该项监管措施的成本和收益，选出对社会产生最大净利益的监管措施，即最大化收益与成本之差的监管措施。斯蒂格勒和斯顿（Stigler & Benston，1977）最先提出要把成本收益分析理论应用到证券监管中，但对证券监管成本收益分析的研究产生重要影响的是英国的金融监管机构，英国的证券投资委员会1994年底成立了CBA部门，界定了证券监管成本收益分析的关键概念，并提出量度技术，后来的金融监管局政策中心（2000）给出金融监管成本收益分析的框架。

对于内控体系而言，在美国，萨班斯法案的根本目的是提高公司披露的准确性和可靠性，这是萨班斯法案的所谓制度收益，而法案的执行成本作为制度成本的一面。萨班斯法案404条款的实施面临的问题是，在初始执行去案的年度，企业面临着当期巨大的执行成本，而法案的执行收益难以在短期得以补偿。这种情况下制度的执行对于整个资本市场或公司的长远发展可能是有价值的。这样，制度执行的收益与成本就会存在难以匹配问题，即一个具有长期巨大收益的制度行为决策，可能因为当期组织无法承受其巨大成本，导致组织最终崩溃（吴益兵，2009）。执行内控规范是否符合成本效益原则这个问题的回答，应该综合考虑短期与长期、货币成本与非货币收益之间的关系，并联系所处的背景和环境，不能简单地凭短期内的效果下结论（林妹，2008）。因此对于内控体系的成本收益分析应当包括短期和长期两个方面。

三、短期内控遵循成本—收益分析

作为先行实施强制要求企业建立内控的美国，自萨班斯法案实施以来，诸多机构和研究人员做了大量的调查和研究，以期发现上市公司为执行萨班斯法案 404 条款所投入的成本和得到的收益是否符合成本收益的原则。

1. 美国财务经理协会 2005 年对 217 家上市公司所做的调查发现，高达 94% 被调查公司认为执行萨班斯法案 404 条款的成本超过了其带来的收益。该组织 2006 年对 274 家上市公司所做的后续调查表明，即使萨班斯法案 404 条款的遵循成本呈下降趋势，但仍有 85% 被调查公司执行萨班斯法案 404 条款所获得的收益不足以弥补其成本（美国财务经理协会，2007）。另外，一些企业认为，大量的短期支出会给公司带来越来越大的压力，一方面，增加了公司的运营成本，降低了赢利；另一方面，使公司的内控程序变得更加冗杂，增加了管理成本，从某种程度上也降低了管理效率。

2. 赖瑞·E. 李敦白和帕特丽夏（Larry E. Rittenberg 和 Patricia K. Miller，2005）对企业执行萨班斯法案 404 条款所取得的收益进行的调查研究对萨班斯法案 404 条款的成本收益展开了对比分析，调查显示，平均有 72% 的受访者认为短期内执行成本大于执行收益，其中 37% 的受访者认为短期内成本会远远大于收益，只有 14% 的受访者表示他们认为第一年的收益超出或者远远地超出了成本。但是不同的行业这个比例略有不同，其中保险公司的比例为 81%，制造业为 80%，而零售业则最低为 50%。[①] 另外，根据环球注册会计师网络报道：55% 的受访者表示萨班斯法案 404 条款的实施让投资者和其他外部人员对公司财务报告的信心提高了，但是有 94% 的公司表示，萨班斯法案 404 条款的遵循成本超

---

① Rittenberg L. E. , Miller P. K. , "Sarbanes-Oxley Section 404 Work：Looking at the Benefits"，*Journal of Finance*，2005，13：p. 1624.

过了实施所带来的好处。①

3. 具体的公司实务。目前诸多企业的实践也表明，在执行萨班斯法案的初期，企业执行成本均超过了收益。比如，在 2005 年 3 月 31 日，全美零售商联合会董事长兼首席执行官特蕾西·穆尔林（Tracey Mu Erlin）给美国上市公司会计监督委员会的反馈信中称萨班斯法案 404 条款的成本远远超过了收益。再如，在 2005 年 5 月 3 日，美国商会副主席大卫·查韦恩给美国上市公司会计监督委员会的反馈信中称，执行萨班斯法案条款给希望在美国发行股票的公司带来了没有必要的负担。而且这些负担与能够合理确认的利益相比是不成比例的。2006 年 5 月在美国证券交易委员会和美国公众公司会计监督委员会联合召开的圆桌会议上，来自通用电气、洛克希德马丁公司和艾默生电气公司等大多数公司一致认为，两年的萨班斯法案遵从确实加强了公司的会计实务，但是所付出的代价与获益相差悬殊。另外，美国一个软件公司（Autodesk）花费 600 万美元、28000 小时及其 135 名内审人员中的 130 名进行遵循萨班斯法案 404 条款的相关工作，结果只发现 16 条"无关紧要的不足之处"，执行萨班斯法案的收益很低。

4. 从目前的实证研究来看，比如罗马（Romano，2005）指出，实施萨班斯法案的成本远超过其带来的任何收益；张（Zhang，2007）证明，源于应对萨班斯法案的合规给美国公司带来统计意义上的显著负收益。

这一系列调查和研究结果表明，在短期内，萨班斯法案 404

① 刘祥伟：《调查显示萨班斯法案遵循成本上升 39%》，2005 年 3 月 25 日，见 http：//www.chinaacc.com/new/184/185/2006/7/ma7231295141760 02412 - 0. htm。

条款的遵循并不符合一条最基本的原则——成本收益原则。短期内内控的遵循成本远远大于收益，这造成了诸多不良后果。由于内控遵循的收益难以在短期内得到实现，因此对于规模和营利能力较差的公司而言，高额的成本使得这类公司中有相当一部分会被迫退出资本市场。对于规模较大和营利较强的公司，高额的遵循成本，包括大量的人力、财力和时间的投入，将影响到公司的净利润及每股收益，进而间接影响公司的股票价格（刘春芳、刘春兰，2006）。特别是，美国国内的很多中小上市公司在权衡执行成本与进入资本市场的利益后，选择了退出资本市场。相当一部分在美国上市的外国公司，也因不堪重负选择退出美国的资本市场。2004年，选择退市的美国公司剧增为135家，纳斯达克主动退市的外国公司达到11家，其原因主要来自于萨班斯法案（特别是404条款）的严苛要求。退市公司增多的同时不少原计划赴美上市的海外公司也纷纷改变了上市地点。①

应该注意的是，短期内成本高于收益也可能是由于上市公司和中介机构倾向于夸大成本的结果。在美国萨班斯法案通过后，针对上市成本上升的抱怨，美国证券交易委员会的公司金融部主管艾伦·比利（Alan Belier，2005）认为，上市公司和中介机构倾向于夸大成本。根据福利和拉德纳会计公司（Foley & Lardner，2005）的调查，各项费用在2002年、2003年增长，但到了2004年，一些成本都有很大幅度的下降。生产效率损失是各调查对象的估计数字，在2004年有5.5倍的增长，一定程度上源于CEO、CFO情绪的发泄（黄京菁，2005）。

---

① 刘春芳、刘春兰：《萨班斯法案对我国上市公司的影响及启示》，《企业发展》2006年第12期。

四、长期内控遵循成本—收益分析

随着内控遵循成本长期效应的逐渐显现，遵循成本呈现逐年下降趋势；同时很多潜在的收益在早期无法显现出来，随着时间的推移，内部控制的不断完善，各种生产效率提高、舞弊减少以及无形价值的提升等优势才慢慢不断体现出来。而且如培训、信息系统等成本投入是短期的，而收益却是长期的、隐性的，可能无法带来确实的收益，这些投入要随着时间的推迟其效益才能够逐渐显现出来。这样，长期来看，内控遵循成本—收益的关系也随之发生了变化。从现有的诸多调查和研究来看，长期内内控遵循的收益大于成本。

1. 根据美国财务经理协会（2007）的调查，在执行萨班斯法案 404 条款的第一年，绝大部分（94%）的上市公司都认为执行的成本超过了收益。但是在接下来的两年里，虽然认为成本大于收益的意见还是占大多数，但是认为收益超过了成本的意见呈逐步增加的趋势，到执行的第三年，大约 22% 的受访上市公司认为执行萨班斯法案 404 条款的收益超过了成本。这种情况的出现在一定程度上与萨班斯法案 404 条款的执行成本逐年下降存在着联系。[①]

2. 李敦白和米勒（Rittenberg & Miller，2005）的调查显示，长期来看，64% 的受访者认为收益等于或大于成本；而短期来看，

---

① FEI, "Survey on Sarhanes-Oxley Section 404 Implementation", March, 2005, March, 2006, May, 2007, http://www. baidu. com/link? url = a78b 9b30fc293c5e471ef23de092fddc99e9e5ce3808bde962cd828ce19848262c0ea1fd758aad 9137fa1ace6cffde1147a71d06b532c1bdb715f7ec171a4b51843271cec0f0ed88e12a.

认为收益大于等于成本的比例只有28%，也就是说，受访者普遍认为，短期内内控的遵循成本大于收益，而长期来看则收益等于或大于成本。具体来说，从长期来分析，认为成本将超出收益或者远远地超出收益的比重由72%下降到了36%，而认为收益将超出成本或者远远地超出成本的比重由14%上升到了39%，而认为收益将足以补偿成本或者远远地超出成本的比重由28%上升到了64%。将这一数字再按照行业来进行细分，发现来自零售业、运输行业和科技行业的受访者表示长期来看，收益将超过或是远远地超过成本。而最不乐观的回答来自制造行业，只有34%的受访者相信收益将超过或是远远地超过成本。①

3. 自萨班斯法案404条款2004年正式实施以来，一些遵循条款规定的公司惊奇地发现，执行内部控制的过程不仅可以确保公司财务报告的可靠性、防范欺诈行为发生，而且长期来看还可以帮助企业降低成本和提高生产率。比如美国必能宝邮件设备公司（Pitney Bowes Inc.）虽然在加强内部控制上花费了1200万美元，但由于机构的精简和生产效率的提高，该公司节省了50多万美元（肖莹莹，2005；孙轲，2006）。

4. 2005年4月美国公众公司会计监督委员会董事会成员丹尼尔·戈尔泽（Daniel L. Goelzer）认为，在第二和第三个报告循环中，萨班斯法案404条款的遵循成本会下降，收益会凸显。但是，在完全实现这一目标之前，纠正偏见有利于减少内部控制报告的成本及显示出内部控制报告的收益（刘晓嬙、杨有红，2009）。②

---

① Rittenberg L. E., Miller P. K., "Sarbanes-Oxley Section 404 Work: Looking at the Benefits", *Journal of Finance*, 2005, 13: pp. 16~24.

② 刘晓嬙、杨有红：《萨奥法案404条款的最新进展及其理性思考》，《会计之友》2006年第3期（下）。

但是，对待高昂的成本，美国证券交易委员会一直认为：从长远角度看，一旦发生公司丑闻，投资者的损失将远远超过公司目前付出的成本，因而萨班斯法案 404 条款带给美国公司的利益远大于现在公司所消耗的时间和金钱，尽管代价高昂但也必要。美国证券交易委员会认为，短期上市成本的上升换来一个长期信息透明的证券市场是值得的，萨班斯法案对于塑造公司的长久竞争力非常关键。

综上所述，从成本收益角度分析，内部控制遵循对于市场秩序与信心的建立和企业长期的稳定发展都有积极作用，且其执行成本也会随着企业内部控制完善及操作熟练程度的提高而降低。虽然短期看来，成本大于收益会造成一些上市公司选择退出资本市场或者选择从公众公司还原为原本的私人公司形态等负面影响，但是从长期看，内部控制的遵循是符合成本收益原则的。因此，关于执行萨班斯法案 404 条款的成本和收益之间关系的问题，多数人还是认为成本超过了收益，不过当把目光投向将来的时候，认为收益将超过成本或与成本持平的观点就占了多数。

企业内控遵循的总成本、总收益是各项内控遵循的成本、收益之和。如果各项内控遵循的成本和收益发生在不同的时期时，要对它们进行贴现，当所有的成本和收益可以以货币的形式表示时，选出产生最高净收益的那个方案，如果方案的净收益为负，则该方案是不经济的。但是，用成本收益分析，则通常是以货币形式把成本和收益转化为同一个单位下可以计量的量，但是许多时候成本和收益是难以用货币量度，甚至难以估计，有时候数据也难以获取。

在内控的遵循成本方面，对内控遵循成本如预防成本、实施成本以及损失成本的计量颇为复杂，很难有一个准确的数字。但是收益更难量化。如果说内部控制的成本是现时的，并在一定条件下是可以估量的话，那么控制产生的效益是建立和实施内部控制所达到的目标，是避免或减少风险和损失的可能性，很显然这种收益是未来的、具有很大的不确定性。因此萨班斯法案 404 条款的执行成本和收益很难做到配比，涉及内控遵循的隐性收益比如企业价值的提升、生产效率的提高以及委托代理成本的下降等等，只能对内控遵循的成本收益进行定性分析。

正因为如此，目前的研究大多采取问卷调查的方式，让受访者对内控遵循的成本和收益作出主观的判断，而没有具体的成本和收益数据来说明。因此，我们只能在不甚严格的意义上使用成本收益，对于不能量化的成本和收益作定性表示（蔡伟宏、邵学言，2003）。这时，内控规范的成本收益如何针对不同企业来说也就变为不确定的。

但是，本书认为，在成本收益方面，有一点是可以确定的，就如洛德和贝努瓦（Lord & Benoit，2006）报告所指出，萨班斯法案的收益是否超过成本，对公司来说不能确定，但对投资者来说是肯定的，如杜瓦蒂等（2007）研究了外国公司决定到美国上市，以及本地市场股票价格对美国上市宣告的反应，该市场对萨班斯法案的反应完全出乎意料，美国市场的权益价值增加了 6%～11%，小公司和大公司的反应没有什么不同，中小投资者认为萨班斯法案带来的收益超过了其引致的成本（陈小林、刘永泽，2009）。

第八章 研究结论与展望

本章对全书的主要研究内容进行总结，归纳出了若干有机联系的论点，对研究成果的意义进行分析，并针对研究中所存在的不足，提出今后的研究设想。

一、研究结论和意义

对于诸多大中型公司来说，在上市已经成为一个战略选择之前提时，考虑更多的是如何合理化该遵循成本问题。正如美国证券交易委员会主席考克斯（Cox）所讲，应当发现遵循萨班斯法案 404 条款花费不贵的路径。另外，由于内部控制的诸如投资者信心等效益难以度量（Krishnan，2008）。同时本着有限目标，重点突破的指导思想，本书针对目前遵循成本较高这一问题，专门对内部控制遵循方面的成本分析，具有较强的针对性。进行专门的成本分析也是成本分析方法的通用特点，其对企业的内部控制建设仍具有积极的指导意义。本书对内控遵循成本的内涵、构成以及表示构成之间相互关系的成本特征曲线、优化途径、成本—收益的综合分析等问题进行了研究，得出了下面一些基本结论：

1. 提出了内部控制遵循成本的内涵。内控遵循成本是与企业遵循内部控制监管要求而发生相关的支出，包括与内部控制的设计、执行、评估、缺陷矫正相关的增量成本，是为了实现监管要求而额外增加的费用，以及未能满足监管要求而发生的损失。其具有以下特点：①目的性：遵循成本是为了实现内控监管要求的目的而发生的支出；②相关性：与企业遵循内部控制规范活动相关的支出；③额外性：遵循成本是额外增加的支出；④可计量性：遵循成本不包括这些难以计量的内容；⑤遵循成本应包括内控控制成本和内控失效成本。遵循成本的这种内涵具有易于识别、归类、管理，也易于和企业的各种作业环节相联系等特点，其适应于企业进行内控遵循决策的信息要求；也易与现有的质量成本、环境成本等管理会计中的成本概念的内涵相吻合，易于接轨。并且根据上述特点，遵循成本定义的提出也适应了企业对内控建设、实施、评估等遵循成本进行经济性分析的现实要求。

2. 根据全面质量管理的成本构成划分思想，并借鉴制度创新成本的分类理论，将内控遵循成本分为四类：设计成本、实施成本、内部损失成本、外部损失成本。浩和阁谭欧思（Hall & Gaetanos, 2006）认为，遵循萨班斯法案 404 条款和 ISO 质量具有诸多的共性，并且 ISO 通过对组织的管理职责、资源管理、产品实现、测量分析与改进四个过程进行记录、检测和审核，确认哪些环节的作业增加了组织风险，进而实现内部控制，这样的要求从本质上与萨班斯法案是相似的（郭春明，2008）。在美国，已有理论界和实务界专家逐渐认识这一趋势，提出在财务、会计及公司各项经营管理作业中仿效 ISO9001，整合公司重要管理行为（Steve Stanek, 2004; Sandford Liebesman, 2005），帮助公司实现萨班斯法案对内部控制的要求。而内部控制规范是对财务报表质量的流程控制，从本质上讲，其也属于质量控制的范畴，其同时和质量管理一样也是强调持续改进。因此，本书通过分析内控规范和质量管理的关系，在此基础上借鉴质量管理中，特别是质量成本的诸多原理和研究思路方法来研究遵循成本构成相关问题，特别是借鉴质量管理的理论和研究思路与方法对遵循成本的构成进行研究，提出了基于质量成本管理思想的内控遵循成本构成法。这种构成划分方法具有一定的合理性和科学性，可以满足进一步进行企业内控遵循成本的归集、控制和分析等需要。

3. 提出了内控遵循成本的短期成本特征曲线。短期的内控遵循成本特征曲线是，遵循成本随着内控缺陷的增加而增加，在某一点又会呈现由低到高的变化趋势，这一点就代表了短期总遵循成本的最低水平，它是控制成本（预防成本、实施成本和鉴定成本）和控制失效成本之间的最优均衡，在改点明确了短期内所谓的可接受缺陷水平。在此点也为最佳遵循成本水平，其对应的遵循成本即为最佳遵循成本。

短期内控遵循成本特征曲线的意义在于：企业在执行强制性内控规范时必须对规范的遵循成本有充分的考虑，特别是强制性遵循可能对于上市公司（特别是较小规模公司）在短期内带来巨大的压力。如果无法将上市公司短期的执行成本进行有效的控制，则内部控制规范即使对我国资本市场从长期来看有价值，规范还是无法有效执行，并会给上市公司和社会造成巨大的损失。因此，本书提出的短期遵循成本曲线模型可为企业提供内控遵循最佳成本和缺陷的选择工具。在短期内，在企业的生产经营等水平既定的条件下，企业不能为了一味完全满足外部监管的需要，满足于零缺陷的内控要求，应对内控遵循的经济性进行分析，考虑遵循成本的最优点，只需要满足一定的内控缺陷要求。否则就会因为企业盲目为了满足内控的所有要求而产生损失。正如诺思所言，一个具有长期巨大收益的决策行为，可能因为当期组织无法承受其巨大成本，导致组织最终崩溃。在美国实施萨班斯法案 404 条款时，诸多企业在第一年选择了保留一定的内控缺陷，笔者认为，美国在萨班斯法案 404 条款实施之时，诸多企业选择退市或在其他证券市场上市正是对内控遵循成本进行权衡后的结果，也正是如此。

4. 提出了内控遵循成本的长期成本特征曲线。长期的内控遵循成本特征曲线是，随着预防成本的增值效应和实施成本的学习效应、执行顺畅化等作用的逐步展现，内控遵循成本会随着缺陷的减少而呈现逐步下降的趋势，最后只需要维护在一定程度的成本支出即可，这些成本支出包括承担的文档记录、评价发生的费用以及聘请独立董事和律师等。长期遵循成本特征曲线的基本主张是，在目前的竞争条件下，由于重大缺陷的存在所造成的损失成本很大，因此有必要将内控缺陷降为零，而控制成本会随着缺陷的减少出现下降趋势，从而可以说实现零缺陷是符合成本收益原则。

长期成本特征曲线的意义在于，在进行内控建设时，要有长远的时间观念。目前多投入一份，特别是预防成本的投入，将来就会在实施成本和损失成本方面减少更多的投入，并且由于缺陷减少而带来的高信誉，也将在长期为企业带来收益。同时，遵循成本的控制重点在预防，在产品遵循成本形成的初期对影响内控缺陷的一些因素加以改进，往往只需要较小的投入就可获得较大的内控改进并可避免巨大的损失。所以企业应将内控改进的重点放在产品实施前的对企业的信息、文化、组织结构、人员素质等进行改造之中，积极采取适合自身的技术和方法，企业无须追加太多的预防支出，就可使损失成本维持在极低的水准，遵循成本则减至最低。降低内控的执行成本，要正确认识长远利益和短期利益的平衡。不要仅仅着眼于付出的有形成本，还要着眼于未来的、潜在的收益，如良好企业文化的形成、完善公司治理制度的建立、业务流程的优化等等（姚刚，2008）。

5. 从内控建设、实施、审计以及监管四个方面探讨了企业内部控制遵循成本优化的途径。根据我们对内部控制遵循成本的建设、实施、鉴定和损失成本四种构成的分类，本书针对性地对企业在建设、实施、审计以及监管如何优化对应成本的途径进行了分析。在内控建设方面，本书提出了内外部资源合理利用、阶段性和长期性关系处理、构建采取合适的方法等等八个途径；在内控实施方面，本书提出了加强内控环境建设、选择合适内控机构、充分利用企业的信息系统等九个途径；在内控审计方面，提出了进行整合审计、采取自上而下的审计方法、利用他人工作等九个优化内控遵循成本的途径；在监管方面，提出了明确内控审计范围、明确内控审计实施主体、颁布内控问题解答等以减少遵循成本的六个途径。

6. 提出了小型企业的内控遵循成本的优化途径。由于中小型公司内部资源有限、专业技术能力匮乏以及对正式的内部控制框架缺乏了解，执行内控规范时将面临更大的困难。本书在对美国小型上市公司萨班斯法案 404 条款执行成本的基础上，分析小企业在内控实施方面的优势和劣势，并提出了降低小企业遵循成本的途径。

本书的分析表明，小型企业在内控遵循方面具有业务规模的不经济、相关人员的技能不足、实施内控需要完善的工作更多、难以做到不相容职责的分离、目前的内控框架不太适合小企业、获得充足的资金难度很大、财务负担更重等成本劣势。但小型企业同时具有人工成本灵活、市场集中、有效的沟通、比大企业更容易控制、中高级管理人员对企业的了解更透彻等优势。在此基础上，本书提出了小型企业内控体系的延期执行；权变选择规范化控制和非规范化控制；内控设计时应充分考虑内部控制的整体遵循情况；减少控制文档数量等十一个途径。

7. 对内控遵循成本—收益进行了短期和长期的定性分析。成本收益原是经济学中一个最基本的理性概念，表现为理性的经济人总是以较小的成本去获得更大的收益，也被认为是经济活动中的普遍性原则和约束条件，成本收益原则也同样适用于企业建立内部控制以及监管层制定相关的内控政策。在内控的遵循成本方面，对内控遵循成本如预防成本、实施成本以及损失成本的计量颇为复杂，很难有一个准确的数字，收益更难量化。正因为如此，目前的研究大多采取问卷调查的方式，让受访者对内控遵循的成本和效益作出主观的判断，而没有具体的成本和收益数据来说明。因此，我们只能在不甚严格的意义上使用成本收益，对于不能量化的成本和收益作定性表示（蔡伟宏、邵学言，2003）。

本书对内控遵循成本—收益进行了定性分析，在短期看来，成本大于收益，这会造成一些上市公司选择退出资本市场或者选择从公众公司还原为原本的私人公司形态等负面影响，但是从长期看，内部控制的遵循是符合成本收益原则的。因此，关于执行萨班斯法案404条款的成本和收益之间关系的问题，多数人还是认为成本超过了收益，不过当把目光投向将来的时候，认为收益将超过成本或与成本持平的观点就占了多数。

二、研究展望

内部控制遵循成本的研究是一个新的领域，许多问题都需要进行深入研究和小心求证。由于关于内部控制遵循成本的研究现在还处于初级阶段，而本研究只是一种探索性研究，有待进一步研究的领域还很多，本书认为，主要有下列几个方面：

1. 本书中提出的遵循成本主要考虑损益中的成本问题，而未考虑收益问题。遵循成本只能影响损益的一个方面，而不能替代损益，进行经济性分析应当同时考虑成本和收益两个方面。虽然专门进行成本分析是成本分析方法的通用特点，并且遵循成本也是作为内控遵循经济性分析的一个重要方面，但是对内部控制规范的遵循进行成本—收益分析是企业决定是否上市，并以此是否遵循该规范的重要依据。因此，将内控遵循所带来的收益纳入分析范围应是未来研究的方向。

2. 从遵循成本的研究范围来看，内控遵循成本的构成较为复杂，除了可用数字衡量的直接成本外，内控遵循还给上市公司甚至整个证券市场的发展带来了间接成本，这包括决策成本和生产力效率降低、上市成本的增加、影响了的公司长远发展，但是这方面的信息难以获得。如何对这些成本进行计量应成为进一步研究的问题。

3. 由于时间、资金以及资料的可获得性等原因，本书只是对于内控遵循成本的短期特征以及长期变化趋势进行了理论上的分析。在今后的研究中应专门进行多企业、多行业的研究，比如在我国上市公司实施内控两年后采取问卷调查等方法以获取相关内控遵循成本的短期和长期数据，从而对遵循成本的短期和长期变化趋势进行实地的案例研究和进一步的检验。

4. 分析遵循成本的各种影响因素，在实证研究的基础上找出优化遵循成本的各种管理方法。全球头号科技市场调查及咨询公司噶特纳（Gartner，2007）认为采取积极主动的管理方法将在最后证明其对企业成本的影响巨大。采取被动应对式方法的公司支出会是采取积极主动管理咨询成本的 10 倍。因此，应当采取积极主动的遵循性管理方法去管理企业的遵循成本。但是哪些管理方法可以降低遵循成本以及哪些因素影响成本，都需要在实证上加以检验。在未来研究中，可在文献研究和对部分企业人员进行访谈的基础上，通过编写问卷初稿以及小规模调查和意见征求等以形成最终问卷。通过问卷的发放和收集，然后利用统计分析软件进行深度分析，从实证上寻求降低遵循成本的管理方法和其他影响因素。

5. 从研究方法上看，本书主要采取规范研究的方法，由于内控成本信息披露较为局限，尚不能开展对内控遵循成本的实证研究。由于我国境内外上市公司在 2011 年开始实施，主板上市公司在 2012 年开始实施，2013 年中小板和创业板上市公司开始实施，关于内控遵循成本的预防成本、实施成本以及损失成本等数据难以获取。即使在美国，萨班斯法案 404 条款已经实施多年但是这方面的数据也较为难以获取，例如摩根（A. R. C. Morgan，2005）对在美国证券交易委员会备案报告和公开声明中披露萨班斯法案 404 条款遵循成本的公司进行的研究发现，尽管许多公司在备案时都声称遵循萨班斯法案 404 条款是一项负担，但是并没有提供实际的数字（实际的成本或者估计成本）。很少有大公司（年收入超过 100 亿美元）在其备案报告中透露萨班斯法案 404 条款成本的遵循成本；对已经披露的公司大部分是在其"管理层讨论和分析"中披露的，公司一般把萨班斯法案的遵循成本与销售、管理费用有关的成本项目合并陈列，而披露的相关成本主要也仅限于与外部咨询师和专业顾问的费用有关。相关数据信息的可获得性影响了本书采取的研究方法。

本书在很大程度上是根据相关机构的调查或者国外企业实施萨班斯法案 404 条款所披露出的遵循情况等资料为素材所进行研究，但是调查问卷的设计和其所出具的调查报告也明显说明：不同背景的调查机构调查时存在利益导向的行为（黄京菁，2005）。另外，用国外的内控遵循情况来注断我国企业遵循内控所发生的成本，这会影响到本书研究结论的适用性。因此，今后根据我国内控遵循成本的公开披露情况进行实证研究应成为未来研究的方向。

另外，笔者认为，可借鉴质量成本的研究思路，通过实地的调查研究，以某一实施内部控制基本规范的企业为对象，通过实证研究和案例分析，全面统计企业在设计、实施、评价、维护等各个阶段，涉及企业运营流程的各个环节的成本分布，为后续研究提供可靠、翔实的资料。通过案例分析对遵循成本的构成以及相互关系问题、遵循成本分类和构成进行归纳总结将是下一步需要研究的问题。

总之，上述诸多方面都有待于在今后的研究中进一步深化和小心求证。

参考文献

1. 白华、高立：《内部控制缺陷实证研究的最新进展：一个文献综述》，《财会通讯综合》2011 年第 5 期。

2. 蔡伟宏、邵学言：《开放条件下证券监管的成本效益分析——以萨班斯—奥克斯利法案为例》，《国际经贸探索》2003 年第 8 期。

3. 陈关亭：《企业内部控制的效果、风险和成本分析》，《求实》2005 年第 2 期。

4. 陈国记：《适应 SOX，构建内控体系——基于中国石油的案例研究》，厦门大学硕士毕业论文，2007 年。

5. 陈汉文、吴益兵：《萨班斯法案 404 条款：后续进展》，《会计研究》2005 年第 2 期。

6. 陈赛珍：《解析 404 条款：萨班斯法案最大的挑战》，2005 年 7 月，见 http://www.jcrb.com/zywfiles/ca528502.htm。

7. 陈少华、陈爱华：《后萨班斯法案时代内部控制实证研究：回顾与展望》，《开发研究》2011 年第 1 期。

8. 陈小林、刘永泽：《美国萨班斯法案的政策效果》，《财会学习》2009 年第 5 期。

9. 陈小林：《美国萨班斯法案的遵循成本》，《中国注册会计师》2008 年第 7 期。

10. 陈晓芬：《萨班斯—奥克斯利法案的焦点问题及执行对策研究》，厦门大学硕士论文，2008 年。

11. 陈志斌、何忠莲：《内部控制执行机制分析框架构建》，《会计研究》2007 年第 10 期。

12. 陈志斌：《内控规范的嵌入与超越》，《会计研究》2005 年第 11 期。

13. 崔宏：《萨班斯法案实施效果的初步分析》，《中国注册会计师》2005 年第 12 期。

14. 崔青春、袁翰青：《SOX-04 条款工作量繁重可能催生新兴行业》，《会计师》2005 年第 7 期。

15. 崔松、宋飞、刘二勇：《美国 SOX404 条款遵循成本的最新研究与启示》，《中国注册会计师》2011 年第 7 期。

16. 崔松：《时间成本研究》，中国社会科学出版社 2011 年版。

17. 邓晖：《英国：SOX 法案推动软件支出上升》，《中国会计视野》2005 年 10 月 12 日。

18. 邓晴雯：《遵循 404 条款探析》，《经济师》2008 年第 9 期。

19. 董月超：《从 COSO 框架报告看内部控制与风险管理的异同》，《审计研究》2009 年第 4 期。

20. 方红星：《企业风险管理框架内容简介》，东北财经大学出版社 2005 年版。

21. 冯中越：《试论国有企业制度创新的成本与收益》，《北京商学院学报》1999 年第 2 期。

22. 郭春明：《萨班斯法案与 ISO9001 内部控制体系的比较》，《经济问题》2008 年第 2 期。

23. 郭德维、李杰：《美国萨班斯法案 404 条款对上市公司的影响及启示》，《现代财经》2008 年第 8 期。

24. 郭建、赵英杰：《企业风险管理与内部控制》，《商场现代化》2006 年第 6 期。

25. 顾奋玲：《日本内部控制法律法规及对我国的借鉴意义》，《财务与会计》2009 年第 3 期。

26. 洪生：《运营商集体备战萨班斯》，《中国电子报》2006 年 8 月 8 日。

27. ［美］哈罗德·德姆塞茨：《经济发展中的主次因素》，刘刚译，经济科学出版社 2003 年版。

28. 黄京菁：《美国 SOA404 条款执行成本引发争议的评述》，《会计研究》2005 年第 9 期。

29. 黄京菁：《内部审计具体准则第 5 号——内部控制审计》，《财会月刊》2004 年第 4 期。

30. 黄京普、王禄河：《以 404 条款引发审计价格上升对职业界的影响分析》，《审计研究》2005 年第 4 期。

31. 黄祖平、陈映森：《论上市公司内部控制信息披露的成本效益》，《中国流通经济》2008 年第 11 期。

32. 姜守涛：《萨班斯法案的启示》，《农村金融研究》2005 年第 11 期。

33. 解学成：《美国 SOX 法案对证券市场影响的评估及启示》，《经济社会体制比较》2006 年第 2 期。

34. 井华：《纳斯达克：应使 404 条款更加可行》，《国际融资》2007 年第 9 期。

35. 阔京华：《美国强制性双重内部控制评价制度的解析与启示》，《经济管理》2007 年第 22 期。

36. 科索著，方红星主译：《财务报告内部控制——较小型公众公司指南（企业内部丛书）》，东北财经大学出版社 2009 年版。

37. 李晗：《实施萨班斯—奥克斯利法案的成本分析》，《经济师》2010 年第 6 期。

38. 李芳：《萨班斯法案 404 条款执行和启示》，《中国注册会计师》2006 年第 7 期。

39. 李刚：《萨班斯法案及其影响分析》，2006 年 7 月 17 日，见 http://tech. sina. com. cn/i/2006-07-17/17141041284. shtml。

40. 李俊：《我国信访制度的成本收益分析》，《经济学研究》2005 年第 5 期。

41. 李隽琼：《萨班斯法 15 日起实施中国公司一年多掏 2 亿美元》，《北京晨报》2006 年 7 月 3 日。

42. 李明辉：《浅谈上市公司内部控制报告》，《审计研究》2001 年第 3 期。

43. 李喜林、刘藻：《宁波东航完成首阶段萨班斯法案内部控制项目》，2006 年 7 月 8 日，见 http://www. carnoc. com。

44. 李享：《美国内部控制实证研究：回顾与启示》，《审计研究》2009 年第 1 期。

45. 李晓枫：《萨班斯法案为注会行业带来生机》，2004 年 4 月 5 日，见 http://www. esnai. com/ news/showdoc. asp? News ID = 10906&uchecked。

46. 李雪莲：《对中国金融企业内部控制的影响》，《华商》2006 年第 5 期。

47. 李育红：《上市公司内部控制缺陷披露的影响因素的实证分析》，《财会通讯（综合）》2010 年第 12 期（下）。

48. 李春瑜： 《PCAOB 审计师内部控制测评流程和方法》，《审计与经济研究》2006 年第 11 期。

49. 李心广：《萨法逼迫大量 IPO 避开美国市场　美投行收益剧增》，《证券时报》2006 年 10 月 31 日。

50. 林斌、饶静：《上市公司为什么自愿披露内部控制鉴证报告》，《会计研究》2009 年第 2 期。

51. 林妹：《美国执行 SOX404 条款的经济后果与在美上市中国公司执行结果的分析与启示》，厦门大学硕士学位论文，2008 年。

52. 林郑丽慧：《实现"萨班斯法案"可操作性》，《首席财务官》2006 年第 3 期。

53. 刘春芳、刘春兰：《萨班斯法案对我国上市公司的影响及启示》，《企业发展》2006 年第 12 期。

54. 刘海凌：《面对萨班斯央企和时间赛跑》，《中国财经报》2006 年 7 月 14 日。

55. 刘祥伟：《第三年：IT 系统待命》，2006 年 5 月 17 日，见 http://www.esnai.com/news/showdoc.asp?NewsID = 24432&uchecked = SOX404。

56. 刘晓嫱、杨有红：《萨奥法案 404 条款的最新进展及其理性思考》，《会计之友》2006 年第 3 期（下）。

57. 陆建桥：《后安然时代的会计与审计》，《会计研究》2002 年第 10 期。

58. 吕广超：《SOX404 条款对中国企业的影响与挑战》，《中国金融电脑》2006 年第 8 期。

59. 卢现祥：《西方新经济制度经济学》，中国发展出版社 1996 年版。

60. 美国管理会计师协会（IMA）：《财务报告内部控制与风险管理》，张先治、袁克利译，东北财经大学出版社 2008 年版。

61. 毛新述、杨有红：《内部控制和风险管理》，《会计研究》2009 年第 5 期。

62. ［美］迈克尔·拉莫斯：《如何遵循 SOX404 条款——评估内部控制的效果》，李海风译，中国时代经济出版社 2007 年版。

63. 孟焰、张军：《萨班斯法案 404 条款执行效果及借鉴》，《审计研究》2010 年第 2 期。

64. 慕容天：《404 条款延期如何应对美国规则》，《会计师》2005 年第 7 期。

65. ［美］诺思：《经济史中的结构与变迁》，陈郁等译，上海人民出版社 1981 年版。

66. 潘秀丽：《企业内部控制研究》，中国财政经济出版社 2005 年版。

67. 彭宇：《美 404 法案明年生效：赴美企业没准备》，《北京晨报》2005 年 5 月 30 日。

68. 普华永道会计公司：《萨班斯—奥克斯利法案 404 条款：在美国上市的亚洲公司在遵循 404 条款要求方面所面临的主要障碍（2005 白皮书）》，2012 年 5 月 12 日，见 http://www. doc88. com/p-609272124871. html。

69. 齐保垒、田高良：《财务报告内部控制缺陷披露影响因素研究》，《山西财经大学学报》2010 年第 4 期。

70. 秦宛顺、靳云汇：《金融监管的收益成本分析》，《金融研究》1999 年第 1 期。

71. 邱月华：《萨班斯—奥克斯利法案的成本与效益——SOX404 执行中面临的困境》，《财会通讯》2007 年第 1 期。

72. 锐颐：《中国版"萨班斯"渐行渐近》，《会计师》2006 年第 9 期。

73. 申坤：《萨班斯法案下在美上市的中国公司盈余管理实证研究》，《科学技术与工程》2009 年第 12 期。

74. 孙珃：《萨班斯法案逼近——搜狐、百度"不眠不休"》，《第一财经日报》2006 年 7 月 12 日。

75. 孙轲：《中国人寿主动备战萨班斯法案》，《21 世纪经济报道》2006 年 4 月 7 日。

76. ［美］沈杰·安南：《萨班斯—奥克斯利法案精要》，曾嵘译，中国时代经济出版社 2008 年版。

77. 田湘波、刘忠祥：《廉政制度创新的成本收益研究》，《中南林业科技大学学报（社会科学版）》2009 年第 5 期。

78. 童丽丽、王志成：《萨班斯法案 404 条款对中国上市公司的影响》，《会计之友》2006 年第 8 期（下）。

79. 王大力、邓晖：《美国萨氏法案 404 条款在诸方争吵中踏行》，《中国会计视野》2005 年 3 月 12 日。

80. 王丹、刘晓丽：《萨班斯法案下公司强化内部控制对财务信息质量的影响》，《中国乡镇企业会计》2009 年第 3 期。

81. 王光远、刘秋明：《公司治理下的内部控制与审计》，《中国注册会计师》2003 年第 3 期。

82. 王晶莹：《会计师事务所 VS 萨班斯—奥克斯利：塞翁失马，焉知非福》，《中国会计视野》2004 年 8 月 9 日。

83. 王娜：《"萨班斯"大考逼近中国企业》，《法人》2006 年第 7 期。

84. 王瑞：《SOX 法案框架下的内部控制与中小企业问题研究》，《河北法学》2010 年第 5 期。

85. 文宗瑜、李铭：《"萨班斯法案"的启示》，《CFO 世界》2006 年第 7 期。

86. 吴琼：《萨班斯法案网开一面　中国企业闻风而动》，2006 年 8 月 16 日，www. cnstock. com。

87. 吴水澎、陈汉文、邵贤弟：《企业内部控制理论的发展与启示》，《会计研究》2000 年第 5 期。

88. 吴水澎：《萨班斯法案、COSO 风险管理综合框架及其启示》，《财会学习》2007 年第 23 期。

89. 吴益兵：《美国上市公司内部控制制度的执行——基于萨班斯法案 404 条款的执行成本和收益分析》，2009 年 11 月 4 日，见 http: //mpaccforum. blog. 163. com /blog/static/ 100891053200910431819183/。

90. 席涛：《美国政府管制成本与收益分析的制度演变——从总统行政命令到国会立法》，《中国社会科学院研究生院学报》2003 年第 1 期。

91. 夏桐：《遵从萨班斯　中国企业"不要跑得太远"》，《会计师》2006 年第 9 期。

92. 肖莹莹：《美国大公司：遵守萨奥法案很划算》，《经济参考报》2005 年 11 月 21 日。

93. 谢盛纹：《略论在美上市的中国企业遵循萨班斯法案 404 条款的应对策略》，《财会研究》2007 年第 1 期。

94. 谢志华：《萨班斯法案孰是孰非：基于成本与效率（收益）的分析视角》，《审计与经济研究》2006 年第 7 期。

95. 徐臻真：《萨班斯—奥克斯莱法案 404 条款执行成本与收益分析及对策研究》，厦门大学硕士论文，2007 年。

96. 杨有红、陈凌云：《2007 年沪市公司内部控制自我评价研究——数据分析与政策建议》，《会计研究》2009 年第 6 期。

97. 姚刚：《萨班斯法案 404 条款实施的跟踪研究》，《中国注册会计师》2008 年第 2 期。

98. 于丹翎：《萨班斯—奥克斯利法的法律经济学初析》，《河北法学》2009 年第 4 期。

99. 于慧萍：《萨班斯法案下中国在美上市公司降低内控成本的对策》，《山东经济战略研究》2007 年第 5 期。

100. 俞靓：《中国在美上市公司谨慎迎接"萨—奥"大考》，《中国证券报》2006 年 7 月 14 日。

101. 袁敏：《上市公司内部控制审计：问题与改进——来自 2007 年年报的证据》，《审计研究》2008 年第 5 期。

102. ［美］约翰·S. 戈登：《伟大的博弈：华尔街金融帝国的崛起》，中信出版社 2005 年版。

103. 张琦：《企业内部控制和风险管理——〈萨班斯—奥克斯利法案〉释义》，复旦大学出版社 2005 年版。

104. 张安明：《内部控制与公司治理研究》，厦门大学博士论文，2002 年。

105. 张根明、段辉敏、丛日彬：《中国企业在美国上市执行 404 条款的收益成本分析》，《价值工程》2008 年第 5 期。

106. 张雪丽、陈君：《中国公司紧急应对萨班斯法案》，《法制早报》2006 年 6 月 4 日。

107. 张军、王军只：《内部控制审核与操纵性应计项——来自沪市的经验证据》，《中央财经大学学报》2009 年第 2 期。

108. 张龙平、李璐：《内部控制审计执行主体资格和范围问题探讨》，《中国审计》2009 年第 6 期。

109. 张士强、张暖暖：《内部控制与风险管理的成本优化问题》，《财会月刊（理论）》2008 年第 7 期。

110. 张曙光：《论制度均衡与制度变迁》，《经济研究》1992

年第 6 期。

111. 张馨艺：《上市公司如何实现内部控制？萨班斯—奥克斯利法案 404 条款实施效果分析》，《经济导刊》2006 年第 9 期。

112. 张宜霞、舒惠好：《内部控制国际比较研究》，中国财政经济出版社 2006 年版。

113. 张旭昆：《制度创立过程中的成本结构》，《资料通讯》2002 年第 6 期。

114. 张砚文：《我国上市公司主动退市动机研究——基于中石油下属上市公司主动退市的案例分析》，北京工商大学硕士论文，2006 年。

115. 赵爱玲：《我国企业内部控制体系建设面临的困惑及思考》，《审计与经济研究》2008 年第 5 期。

116. 甄立：《萨班斯法案对企业成本的影响》，《中国农业会计》2006 年第 10 期。

117. 郑鑫成：《萨班斯—奥克斯利法案的由来、后续进展及反思》，《中国石化》2006 年第 8 期。

118. 中国注册会计师协会：《萨班斯法案 404 条款实施的跟踪研究——各方评论、实施进展与启示——行业发展研究资料》，2007 年，见 http://www. cicpa. org. cn /Read News. asp? ID = 8925&BigClassName = 211&Small Class Name = 。

119. 周勤业、吴益兵：《沪市上市公司 2007 内部控制报告分析》，《上海证券报》2008 年 12 月 1 日。

120. 周兆生：《内部控制与风险管理》，《审计与经济研究》2004 年第 4 期。

121. 朱力：《萨班斯法案 7 月大考 在美上市中国公司集体焦虑》，《中国经营报》2006 年 4 月 15 日。

122. 朱荣恩、应唯、袁敏：《企业内部控制制度设计——理论与实践》，上海财经大学出版 2008 年版。

123. 德勤：《2004 年 8 月份的第二份研究报告执行 SOX 法案 404 条款——一份控制指南》2008 年 5 月 30 日，见 http://www.cicpa.org.cn/Column/Research_ data/200805/t20080530_ 12804.htm。

124. 王慧芳：《上市公司内部控制缺陷认定：困境破解及框架构建》，《审计研究》2011 年第 2 期。

125. 维维克·VIC. 南达著，许薇莉译：《两个比一个好：ISO 9001 和 SOX 的共同点有助于加强内部控制》，《中国认证认可》2009 年 2 月。

126. Price Water House Coopers：《萨班斯—奥克斯利法案 404 条款：在美国上市的亚洲公司在遵循 404 条款要求方面所面临的主要障碍（2005 版）》，见 http://www.doc88.com/p-609272124871.html。

127. 深圳证券交易所：《SOX404 条款的博弈》，2007 年 7 月 12 日，见 http://www.szse.cn/ szseWeb/FrontController.szse? ACTIONID = 15& ARTICLEID =473&TYPE =0。

128. 中华会计网校：《SEC 将听取商业团体对 SOX 的意见》，2006 年 5 月 22 日，见 http://www.chinaacc.com/new/184/185/2006/5/ma4325464030 1225600224518-0.htm。

129. A. R. C. Mongan,"Sarbanes-Oxley Implementation Costs-What Companies are Reporting in Their SEC Filings",Feb.,2005, http://www.armresearch.com.

130. American Electornic Association, "Aarbanes-Oxley Section 404:'The Section' of Unintended Consequences and Its Impact on Small Business",Washingon D. C.：February,2005,1.

131. Abbott, L. , & Parker, S. , "Auditor Selection and Audit Committee Characteristics Auditing", A Journal of Practice & Theory, 2000, 19(2).

132. Altamuro, J. , Beatty, A. , 'How does Internal Control Regulation Affect Financial Reporting?", Journal of Accounting and Economics, 2010, 8.

133. Ashbaugh-Skaife, H. & Collins, D. & Kinney, W. & LaFond, R. , "The Effect of Internal Control Deficiencies and Their Remediation on Accrual Quality", The Accounting Review, 2008, 6.

134. Ashbaugh-Skaife, H. & Collins, D. & Kinney, W. & LaFond, R. , "The Effect of SOX Internal Control Deficiencies on Firm Risk and Cost of Equity", Journal of Accounting Research, 2009, 2.

135. Ashbaugh-Skaife, H. , Collins, D. , Kinney, W. , "The Discovery and Reporting of Internal Control Deficiencies Priorto SOX Dated Audits", Journal of Accounting and Economies, 2007, 4.

136. Bob Benoit and Kristina Benoit Lord & Benoit Report, "Naicannual Financial Reporting Model Regulation", Journal of Business & Economics Research, June, 2007.

137. Bronson, S. , Carcello, J. , Raghunandan, J. , "Firm Characteristics and Voluntary Management Reports on Internal Control Auditing", A Journal of Practice and Theory, 2006, 4.

138. Bushman, R. M. , Simith, A. J. , "Financial Accounting Information and Corporate Governance", Journal of Accounting and Economics, 2001, 32.

139. CCMR, "Interim Report of the Committee on Capital Markets Regulation", Feb. , 2006, http: //www. capmktsreg. org/pdfs/11.

30Committee_ Interim_ ReportREV2. Pdf.

140. Chan K. C. , Barbara R. Farrell and Picheng Lee, "Earnings Management and Return-Earnings Association of Firms Reporting Material Internal Control Weaknesses Under Section 404 of the Sarbanes-Oxley Act", Working Paper Series, June, 2005, http://papers. ssrn. corn.

141. Chanli, Lili Sun, Michael Ettredge, " Financial Executive Qualifications, Financial Executive Turnover, and Adverse SOX 404 Opinions Forthcoming", *Journal of Accounting and Economics*, 2010, 3.

142. Charles River Associates, "Sarbanes-Oxley Section 404 Costs and Remediation of Deficience: Estimates from a Sample of Fortune 1000 Companies", *Joumal of Accounting and Economics*, 2005, 4.

143. Christian Leuz, "Was the Sarbanes-Oxley Act of 2002 Really Costly? A Discussion of Evidence from Event Returns and Going-private Decisions", *Journal of Accounting and Economics*, 2007, 1.

144. COSO, "Internal Control over Financial Reporting-Guidance for Smaller Public Companies", Volume 1: Executive Summary, June, 2006, http://www. coso. org/ documents /SB Executive_ Summary. Pdf.

145. CRA, "International Sarbanes-Oxley Section 404 Costs and Implementation Issues", Spring 2006 Survey Update, Apr. 17, 2006.

146. CRA, "International Sarbanes-Oxley Section 404 Costs and Implementation Issues", Survey Update, Dec. 8, 2005.

147. D. Weaver, "How Costly is the Sarbanes Oxley Act? Evidence on the Effects of the Act on Corporate Profitability", *Jounal of Corporate Finance*, 2010, 16.

148. David M. Willis & Susan Lightle, "Management Reports on Internal Controls", *Journal of Accountancy*, 2000, 9.

149. David M. Katz, "Smaller Than a Sarbox?", CFO. com, March 24, 2005, http://www. cfc. com /article. cfm /3764856.

150. DeFond M. L. and M. Hung, "Investor Protection and Corporate Governance: Evidence from Worldwide CEO Turnover", *Journal of Accounting Research*, 2004, 3.

151. DeFond, M. , Jiambalvo, J. , "Incidence and Circumstances of Accounting Errors", *The Accounting Research*, 1991, 66.

152. DeFond, M. , Raghunandan, K. , "Do Nonauditservice Fees Impair Auditor Independence? Evidence from Goingconcern Audit Opinions", *Journal of Accounting Research*, 2002, 40.

153. Deloitte Development LLC, "Moving Forward: A Guide to Improving Corporate Governance Through Effective Internal Control", 2004, http://www. deloitte. com/us /moving forward.

154. Deloitte Development LLC, "Sarbanes-Oxley Compliance: A Bridge to Excellence", 2004, http://www. deloitte. com/us/pov. 2004.

155. Dennis Callaghan, "Sarbanes-Oxley: Road to Compliance", www. eWeek. com, Feb. , 16 2004.

156. Dey, A. , Discussiono, "Internal Control Weaknesses and Client Risk Management", *Journal of Accounting, Auditing and Finance*, 2009, 8.

157. Doyle, Weili Ge, and McVay, "Determinants of Weaknesses in Internal Control over Financial Reporting", *Journal of Accounting and Economics*, 2007, 1.

158. Dye, R. , "Auditing Standards, Legal Liabilities, and Auditor Wealth", *Journal of Political Economy*, 2003, 10.

159. Elder, R. , Zhang, Y. , Zhou, J. , Zhou, N. , "Internal Control

Weaknesses and Client Risk Management", *Journal of Accounting*, *Auditing and Finance*, 2009, 9.

160. Ellen Engel, Rachel M. Hayes and Xue Wang, "The Sarbanes-OxleyActand Firms Going Private Decisions", University of Chicago, Working Paper, 2004, 5.

161. Ernst & Young, "404 Perspective Issue No. 1 Top-Down, Risk-Based Approach", November, 2005, http://www. ey. com.

162. Ettredge, M . , Li, C. , Sun, L. , "The Impact of SOX Section 404 Internal Control Quality Assessm Enton Audit Delay in the SOX Era", *Journal of Practice and Theory*, 2006, 8.

163. FEI, "Survey on Sarhanes-Oxley Section 404 Implementation", March, 2005, March, 2006, May, 2007, http://www. baidu. com/ link? url = a78b9b30fc293c5e471ef23de092fddc99e9c5ce680 8bde962 cd828ce19848262c0ea1fd758aad9137fa1ace6cffde1147a71d06b532c1b db715f7ec171a4b51843271cec0f0ed88e12a.

164. FEI Survey, "Section 404 Costs Exceed Extimates", March, 2005, July, 2004, Jan. , 2004, May, 2003, http: //www. fei. org/.

165. Herbert S. Wander, James C. Thyen, "Final Report of the Advisory Committee on Smaller Public Companies to the U. S. Securities and Exchange Commission", May, 2004, http: //www. sec. gov/info/ smallbus/ acspc/ acspc finalreport. Pdf.

166. Final Report, "Management's Report on Internal Control over Financial Reporting and Certification of Disclosure in Exchange Act Periodic Reports", http: //www. sec. gov/rules/ Finfacts Team, Business Complains About Cost of Sarbanes-Oxley Act Compliance, *Finfacts Business News*, April 7, 2005.

167. Financial Executives International, FEI Survey, "Sarbanes-Oxley Compliance Cost are Dropping", 2006, http://www. prnewswire. com /cgi-bin/stories. pl? ACCT = 104 &STORY =/www/story/04-06-2006/0004567523&EDATE.

168. Financial Executives International, FEI Survey, "Sarbanes-Oxley Compliance Costs Exceed Estimates", March, 2005, http://www. prnewswire. com/cgi-bin/ stories. pl? ACCT = 104&STORY =/www/ story/04-03-2005/0007335523&EDATE.

169. Financial Executives International, "Understanding Sarbanes-Oxley Section 404 the New Reports and What They Mean to You", Dec. , 2007, http://www. prnewswire. com/cgi-bin /stories. pl? ACCT = 104&STORY =/www/story/07-08-2004/0004835593& EDATE.

170. Foley & Landner LLp, Thomas E. Hartman, "The Cost of Being Public in the Era of Sarbanes-Oxley", 2004 National Directors Institute, Chicago, May 19, 2004.

171. GeW. , Mcvay, S. , "The Disclosure of Material Weaknesses in Internal Control after the Sarbanes-Oxley Act", *Accounting Horizons*, 2005, 9.

172. Goh, B. , Audit Committees, "Boards of Directors, and Remediation of Material Weaknesses in Internal Control", *Contemporary Accounting Research*, 2009, 11.

173. Haidan Li, Morton Pincus, Sonja Olhoft Rego, "Market Reaction to Events Surrounding the Sarbanes- Oxley Act of 2002", *Accounting Research*, 2004, 3.

174. Heather M. Hermanson, 'An Analysis of the Demand for Reporting on Internal Control", *Accounting Horizons*, 2000, 9.

175. Heizman,S. ,Wasley,C. ,Zimmerman,J. , "The Joint Effects of Materiality Thresholds and Voluntary Disclosure Incentives on Firms' Disclosure Decisions", *Journal of Accounting and Economics*,2010,9.

176. Hogan,C. ,Wilkins,M. , "Evidence on the Audit Risk Model: Do Auditors Increase Audit Fees in the Presence of Internal Control Deficiencies ?Contemporary", *Accounting Research*,2008,7.

177. Hoitash,U. ,Hoitash,R. ,Bedard,J. , "Corporate Governance and Internal Control over Financial Reporting:A Comparison of Regulatory Regimes", *The Accounting Review*,2009,5.

178. Hoitash,R. ,Hoitash,U. ,Bedard,J. , "Internal Control Quality and Audit Pricing under the Sarbanes-Oxley Act Auditing", *A Journal of Practice and Theory*,2008,1.

179. Hollis Ashbaugh Skaife, Daniel W. Collins, William R. Kinney,Jr. , "The Effect of SOX Internal Control Deficiencies and Their Remediation on Accrual Quality", *The Accounting Review*,2008,1.

180. Hollis Ashbaugh-Skaife, Daniel W. Collins, William R. Kinney Jr. , "The Discovery and Reporting of Internal Control Deficiencies Prior to SOX Mandated Audits", *Journal of Accounting and Economics*, 2007,44.

181. Hollis Ashbaugh-Skaife, Daniel W. Collins, Willian R. Kinney, RyanLaFond, "The Effect of Internal Control Deficiencies and Their Remediation on Accrual Quality", Working Paper, 2006.

182. ICBA, "The Cost of Complying with Section 404 of the Sarbanes-Oxley Act", *Journal of Business & Economics Research*,2004,5.

183. International Organization of Securities Commissions, "Issuer Internal Control Requirements-A Survey", *The Accounting Review*,

2006,1.

184. Ivy Xiying Zhang, "Economic Consequences of the Sarbanes-Oxley Act of 2002", *Journal of Accounting and Economics*, 2007, 44.

185. J. V. Carcello and D. R Hermanson, "Fraudulent Financial Reporting: 1987-1999 An Analysis of U. S. Public Companies", Research Commissioned by the Committee of Sponsoring Organizations of the Treadway Commission, 1999.

186. Jagan Krishnan, Dasaratha Rama, and Yinghong Zhang, "Costs to Comply with SOX Section 404", *The Journal of Practice & Theory*, May, 2008, Vol. 27, No. 1.

187. James S. Linck, "Effects and Unintended Consequences of the Sarbanes-Oxley Act on Corporate Boards", University of Georgia, Working Paper, March, 2005.

188. Jonathan G. Katz, "Public Company Accounting Oversight Board, Auditing Standard No. 2-An Audit of Internal Control Over Financial Reporting Performed in Conjunction with An Audit of Financial Statements", June 17, 2004, http://www. pwcglobal. com.

189. Jayanthi Krishnan, "Audit Committee Quality and Internal Control: An Empirical Analysis", *The Accounting Review*, Vol. 80, No. 2, 2005.

190. Jeffrey T. Doyle, Weili Ge, Sarah Mc Vay, "Accrual Quality and Internal Control over Financial Reporting", *The Accounting Review*, 2007, 5.

191. Jeffrey Doyle, Weili Ge and Sarah Mc Vay, "Determinants of Weaknesses in Internal Control over Financial Reporting", *Journal of Accounting and Economics*, 2007, 3.

192. Jian Zhang & Kurt Pany, "Current Research Questions on Internal Control over Financial Reporting Under Sarbanes-Oxley-Lessons for Auditors", *The CPA Journal*, 2007 (6).

193. Jill M. D'Aquila, "Tallying the Cost of the Sarbanes-Oxley Act", *The CPA Journal*, Nov. , 2004. Vol. 74 .

194. JoLynne Koehn and Stephen C. Del Vecchio, "Ripple Effects of the Sarbanes-Oxley Act", *The CPA Journal*, April, 2004.

195. Joseph D. Piotroski, Suraj Srinivasan, "Regulation and Bonding: the Sarbanes-Oxley Act and the Flow of International Listings", *Journal of Accounting and Economics*, 2008, 2.

196. Jui Chin Chang and Heuy Lian Sun, "Crossed-listed Foreign Firms' Earnings Informativeness, Earnings Management and Disclosures of Corporate Governance Information under SOX", *The International Journal of Accounting*, 2009, 44.

197. K. Raghunandan and Dasaratha V. Rama, "SOX Section 404 Material Weakness Disclosures and Audit Fees", *The Journal of Practice & Theory*, May, 2006 Vol. 25, No. 1.

198. Kim, Y. , Park, "Market Uncertainty and Disclosure of Internal Control Deficiencies under the Sarbanes-Oxley Act", *Journal of Accounting: Public Policy*, 2009, 4.

199. Kinney, W. , McDaniel, "Characteristics of Firm Correcting Previously Reported Quarterly Earnings", *Journal of Accounting and Economics*, 1989, 11.

200. Krishnan G. and G. Visvanathan, "Reporting Internal Control Deficiencies in the Post-Sarbanes-Oxley Era: The Role of Auditors and Corporate Governance", Working Paper, George Mason University,

2005.

201. Krishnan, J. , "Audit Committee Quality and Internal Control: An Empirical Analysis", *The Accounting Review*, 2005, 9.

202. Krishnan, J. , Rama, D. , Zhang, Y. , "Costs to Comply with SOX Section 404 Auditing", *A Journal of Practice and Theory*, 2008, 8.

203. LaFond, R. , You, H. , "The Federal Deposit Insurance Corporation Improvement Act, Bank Internal Controls and Financial Reporting Quality", *Journal of Accounting and Economics*, 2010, 11.

204. Levinsohn, Alan, "First Year Verdict of SOX 404, Burden some, Cost and Confusing", *Strategic Finance*, June, 2005.

205. Linda A. Hall and Christ Gaetamnos, "Treatment of Section 404 Compliance Costs: The Accounting and Tax Effects of Sarhanes-Oxley", *The CPA Journal*, March (2006).

206. Lineke Sneller and Henk Langendijk, "Sarbanes Oxley Section 404 Costs of Compliance: A Case Study Corporate Governance", *An International Review*, 2007, Vol. 15, (2).

207. Maria Ogneva, K. R. Subramanyam and K. Raghunandan, "Internal Control Weakness and Cost of Equity: Evidence from SOX Section 404 Disclosures", *The Accounting Review*, 2007, 5, Vol. 82.

208. McLean W. C. , "The Sarbanes-Oxley Act: A Detriment to Market Globalization & International Securities Regulation", *Syracuse Journal of International Law*, 2006, 33.

209. Michael Ettredge etc. , "The Impact of Internal Control Quality on Audit Delay in the SOX Era", *The Accounting Review*, January, 2006.

210. Michael Ramos, *How to Comply with Sarbanes - Oxley Section*

404, John Wiley & Sons, Inc. , 2004, 8.

211. Moody's Special Comment , "The Third Year of Section 404 Reporting on Internal Control", SSRN 985546, May, 2007.

212. Naiker, V. , Sharma, D. , "Former Audit Partners on the Audit Committee and Internal Control Deficiencies", *The Accounting Review*, 2009, 7.

213. Nordberg, D. , "Cost of Compliance is Staggering Daimler Chrysler CFO", *The Board Agenda*, 2003, 3.

214. Ogneva, M. , Subramanyam , K. Raghunandan, "Internal Control Weakness and Cost of Equity: Evidence from SOX Section 404 Disclosures", *The Accounting Review*, 2007.

215. Oversight Systems, "The 2004 Oversight Systems Financial Executive Report on Sarbanes-Oxley", 2004, http://www. oversightsystems. com/resources/case_ studies. php.

216. Oversight Systems, "The 2005 Oversight Systems Financial Executive Report On Sarbanes-Oxley", 2005, http://www. oversightsystems. com/pdf/OS_ CaseStudyFlooring. pdf.

217. Oversight Systems, "The 2006 Oversight Systems Financial Executive Report on Sarbanes-Oxley", 2006, http://www. oversightsystems. com/pdf/OS_ CaseStudyF200. pdf.

218. Oversight Systems, Inc. , "The 2004 Oversight Systems Saibanes-Oxley", 2004, www. oversightsystems. com. December fihangial exexutive reportorton.

219. Patrick O'Brien, "Reducing SOX Section 404 Compliance Costs Via a Top-Down, Risk-Based Approach", *The CPA Journal*, August, 2006.

220. Price Water House Coopers LLP, "Multinationals Looking Beyond Initial Sarbanes 404 Compliance to Business Improvement", July, 2005.

221. Price Water House Coopers, "Surveys Related to Sarbanes-Oxley", *Compliance Issues*, March, 2004.

222. Romano, R., "The Sarbanes-Oxley Act and the Making of Quack Corporate Governance, Sarbanes-Oxley Act 2002", *The Yale Law Journal*, Vol. 114, 2005.

223. Randal Elder, Yan Zhang, Jian Zhou, and Nan Zhou, "Internal Control Weaknesses and Client Risk Management", SSRN1008062, April, 2007.

224. Revenuerecognition. com Corporation, "The Compliance Chasm-Financial Executive Benchmarking Survey", Sarbanes-Oxley Edition, www. idc. com, Dec. ,2004.

225. Rittenberg L. E. , Miller P. K. , "Sarbanes-Oxley Section 404 Work: Looking at The Benefits", *Journal of Finance*, 2005, 13.

226. Robert R. Moeller & John Wiley & Sons, Inc, "Sarbanes-Oxley and the New Internal Auditing Rules", *Auditin: A Journal Practice & Theory*, 2003, 9.

227. Rogier Deumes and W. Robert Knechel, "Economic Incentives for Voluntary Reporting on Internal Risk Management and Control Systems", *Auditin: A Journal Practice & Theory*, 2008, 27, 01.

228. Sak Bhamornsiri and Robert Guinn and Richard G. Schroede, "International Implications of the Cost of Compliance with the External Audit Requirements of Section 404 of Sarbanes-Oxley", *International Advance Economic Research*(2009) 15.

229. Sandford, Liebesman, "Mitigate SOX Risk with ISO9001 and ISO14001", *Quality Progress*, 2005, 9.

230. Scott N. Bronson, Joseph V. Carcello, and K. Raghunandan, "Firm Characteristics and Voluntary Management Reports on Internal Control", *Auditing: A Journal Practice & Theory*, 2006, 25, 2.

231. SEC, "Final Rule: Management's Reports on Internal Control over Financial Statements and Certification of Disclosure in Exchange Act Periodic Reports, Section 5925- An Audit of Intenal Control over Financial Reporting that is Integrated with an Audit of Financial Statements", 2006, VI.

232. Shu, S. Auditor Resignations, "Clientele Effects and Legalliability", *Journal of Accounting and Economics*, 2000, 29.

233. Steve Stanek, "Can ISO Standards Help in Today's Business Climate", Knowledge Leader, Protiviti Corp., 2004, 2.

234. United States Government Accountability Office, "Sarbanes-Oxley Act Consideration of Key Principles Needed in Addressing Implementation for Smaller Public Companies", *The Accounting Review*, April, 2006.

235. Ventana Research Analyst Report, "Audit and Control Managing the Next Phase of Compliance", *The Accounting Review*, 2004, 12.

236. VicNaiker, Divesh S. Sharma, "Former Audit Partners on the Audit Committee and Internal Control Deficiencies", *The Accounting Review*, 2009, 84, 2.

237. William J. Carney, "The Cost of Being Pulic after Saibanes-Oxley: The Irony of Going Private", *Emory Law Journal*, 2006, 55, 2.

238. W. Ge and S. McVy, "The Disclosure of Material Weakness

in Internal Control after the Sarbanes-Oxley Act", *Accounting Horizons*, 2005,19.

239. Weili Ge,Sarah Mcvay,"The Disclosure of Material Weaknesses in Internal Control after the Sarbanes-Oxley Act", *Accounting Horizon*,2005,9.

240. William J. Carney, "The Costs of Being Public After Sarbanes-Oxley: The Irony of Going Private", Emory University, School of Law, Working Paper, February, 2005.

241. Yan Zhang, Jian Zhou, Nan Zhou, "Audit Committee Quality, Auditor Independence, and Internal Control Weaknesses", *Journal of Accounting and Public*,2007,26.

242. Y. Jahmani,Willian A. Dowling, "The Impact of Sarbanes-Oxley Act", *Journal of Business & Economics Research*,2008,6.

243. Zhang,I. X. ,"Economic Consequences of the Sarbanes-Oxley Act of 2002", *Journal of Accounting and Economics*,2007,44.

后　记

　　自攻读硕士学位以来，我一直致力于成本管理的研究。经过长期的努力，发表了一系列的论文，取得了一些成果，并在国内外文献资料的基础上，依托国家自然科学基金重点项目（编号70332001）和中国博士后科学基金（编号20100471130），完成了这本专著。

　　本书研究了内部控制遵循成本及其优化途径问题，提出了内控遵循成本的概念，探讨了遵循成本各个构成部分与内控缺陷的关系，分别从建设、实施、审计以及监管四个方面提出了企业内部控制遵循成本优化的途径；然后针对小型企业内控遵循成本巨大的突出问题，提出了降低小企业遵循成本的特殊途径；最后作为对内控遵循成本分析方法的补充，对内控的成本—收益进行了初步分析，发现虽然短期看来，内控遵循成本会大于收益，但是从长期看，内部控制的遵循符合成本收益原则。本书的立项出版，将丰富内部控制研究方面的内容，也将为实务界构建内部控制体系，获得成本优势提供具体的指导和帮助。

　　在多年的研究过程中，本人得到了许多人的支持和帮助，也深刻体会到了治学的艰辛。首先感谢我的博士后合作导师——武汉大学的余玉苗教授，先生学识渊博、造诣深厚、思维活跃、工作勤勉。对我的科研工作进行潜移默化，点拨思路，开阔视野，给予我无数的教诲和鼓励；在我学习、科研的过程中，给了我无私的指导和帮助，为我积累了丰实的学术积淀。在此，谨向余教授致以崇高的敬意和诚挚的感谢！

感谢武汉大学经济与管理学院的老师和同学们，感谢这个智慧和团结的集体给我提供的各种信息、资源和智力上的支援和帮助，在特别是有幸同许多青年学子商讨学术，交流心得，共克难关。

博士后期间得到中国博士后科学基金（编号20100471130）的资助，在此表示感谢。

感谢我的父母、家人和亲友，感谢所他们给予我的理解、支持和帮助。特别感谢我的夫人，感谢她的陪伴和鼓励，感谢她十余年来的一路同行。

再次感谢我的老师、同学、朋友和家人！感谢你们！

本书参考了一些国内外司行的研究成果。谨向本书写作过程中直接引用或间接参考、提及姓名或者尚未提到姓名的作者们表示诚挚的谢意！

最后，感谢人民出版社的编辑、校对老师们，特别是感谢责任编辑吴焰东老师在本书出版过程中的辛勤工作！

崔松

2012 年 10 月

推荐语一

2012 年 5 月 7 日国资委和财政部联合印发了《关于加快构建中央企业内部控制体系有关事项的通知》，该通知要求各中央企业按照《企业内部控制基本规范》和配套指引的要求，建立规范、完善的内部控制体系。同年 3 月，国资委决定在中央企业全面开展管理提升活动，要求各中央企业通过查找管理和发展中的短板或瓶颈，建立有效的内部控制制度，并通过三年左右的时间，全面提升企业的管理水平。

企业内部控制的建立需比较成本与风险降低带来的收益，最优的内部控制并不意味着将风险减小为零。本书分析了内部控制实施过程中所面临的遵循成本，提出了优化企业内控建设、实施、评价、审计的诸多具体方法，也得出了一些有意义的研究结论：比如借鉴质量管理的成本构成划分思想，将内控遵循成本分为四类；内控体系实施在短期内会增加企业的成本，但从长期来看，采取科学合理的方法有助于有效降低以后年度的后续支出等等。

相信本书的研究成果，能够为企业构建科学的内部控制体系提供有益的借鉴或帮助，为中央企业的管理提升注入新的内涵，同时希望本书的出版，能够为进一步贯彻科学的内部控制理念作出贡献。

中国船舶重工集团公司副总经理、总会计师　张必赒

推荐语二

　　以财政部等五部委联合发布《企业内部控制基本规范》为标志，开启了中国企业全面建设内部控制体系的新时期。建设与实施内部控制体系，既是国家法律法规的强制要求，也是企业提升竞争力的内生需求。

　　在内部控制构建过程中，企业管理者始终要把握企业的战略和企业的管控，在战略指引下，企业管控就显得尤为重要。在企业管控工具中，不是越先进越好，而是越有效越好。这就需要我们在运用管控工具中把握成本、效率和效益的关系。本书的作者提出了内控遵循成本的概念，分析了长期、短期遵循成本，研究了减少遵循成本的途径，并对管控遵循成本进行了效益分析，对我们企业管理实践很有益处。

　　国有企业作为国民经济的骨干力量，应当在内部控制规范体系建设与实施工作中发挥表率作用，做好统筹规划，加快构建规范有序、覆盖全面的内部控制体系；切实把内部控制的有效执行放在首位。本书的研究成果可使企业管理者在进行内部控制建设时提前了解遵循成本的构成与分布、影响因素以及优化途径，实现用最小的成本获得最有效的管控，对提升企业管理水平具有很强的运用价值。

国家开发投资公司 CFO　张华

推荐语三

    企业如何有效地建立适合自身的内部控制体系，如何正确处理控制成本与效益之间的关系都是企业在内部控制建设中需要面对的问题。现行的内部控制文献较多地关注内部控制的有效性问题，而对于达到有效性的经济性，特别是成本方面的研究较少。本书针对内控遵循成本的概念及构成，分别从建设、实施、审计以及监管四个方面提出了内部控制成本优化的途径，并提出了降低小企业遵循成本的特殊途径等。

    从实践角度，该书可使企业在进行内部控制建设时提前了解遵循成本的构成与分布、影响因素以及优化途径，对于企业减少成本支出、合理安排预算计划、满足企业内部控制的实际管理需要具有很强的运用价值。

    一个完善的、有效的内控体系，必须达到合适的付出收益比，如果不进行详细的筹划、进行资源的合理配置，就会给企业带来沉重的负担，甚至会影响到企业发展的后劲。希望本书的出版能够使企业事先了解内部控制建设相关支出的构成与分布，更好地进行内控实施的计划安排，识别优化成本的具体途径，以帮助企业在内部控制体系建设道路上迈出坚实的一步。

北京市国有资产经营有限责任公司董事长　李爱庆

推荐语四

在国内外企业内部控制实践中普遍存在遵循成本过高这一突出问题，特别是目前我国上市公司和中央企业在构建内部控制体系时亟待解决此问题。本书对此问题加以研究，具有较强的针对性。

本书的研究对于企业遵循内控规范，减少不必要的成本支出具有很强的应用价值。从理论角度，本书将成本概念引入内部控制现有理论框架之中，拓展了目前的成本概念。另外，本书对于遵循成本的构成与分类、特征曲线以及影响因素的分析等研究从理论上解释了诸如目前国外某些企业萨班斯法案遵循成本逐年持续降低等现象，这些研究也具有突出的创新性。

据我所知，作者一直从事与内部控制相关的管理咨询、审计技术开发、培训以及内部控制的理论研究和实务工作。内部控制咨询经验使得作者能够将监管要求与公司实际进行有效的结合，协助企业有重点、有针对性地协助公司构建适合自身特点的内控体系，从而以较低的成本来达到较高的效率。本书可以说是作者在实务工作中大量经验的总结与提炼，同时也体现了作者在成本和内部控制方面扎实的理论基础。

武汉大学经济管理学院博士生导师　余玉苗

责任编辑:吴焰东
封面设计:肖　辉

图书在版编目(CIP)数据

企业内部控制遵循成本及其优化途径/崔　松　著.
　-北京:人民出版社,2013.3
ISBN 978-7-01-011854-3

Ⅰ.①企…　Ⅱ.①崔…　Ⅲ.①企业内部管理-研究-中国
　Ⅳ.①F279.23

中国版本图书馆 CIP 数据核字(2013)第 051684 号

企业内部控制遵循成本及其优化途径
QIYE NEIBU KONGZHI ZUNXUN CHENGBEN JIQI YOUHUA TUJING

崔　松　著

人民出版社 出版发行
(100706　北京市东城区隆福寺街99号)

北京新魏印刷厂印刷　　新华书店经销

2013年3月第1版　2013年3月北京第1次印刷
开本:880毫米×1230毫米 1/32　印张:8.375
字数:200千字　印数:0,001-8,000册

ISBN 978-7-01-011854-3　定价:25.00元

邮购地址 100706　北京市东城区隆福寺街99号
人民东方图书销售中心　电话 (010)65250042　65289539